資本コスト経営のすすめ

なぜあなたの会社はPBR＜1倍なのか

COST OF CAPITAL
MANAGEMENT

プルータス・コンサルティング代表取締役社長CEO

野口真人
noguchi mahito

日本経済新聞出版

はじめに

2023年3月31日に、**「資本コストや株価を意識した経営の実現に向けた対応」**（以下　資本コスト経営）が東京証券取引所（以下　東証）から発表され、上場企業はより密接な資本市場との対話を求められることになりました。

これに先立ち発表されていた「上場維持基準の概要」は、各市場の上場維持基準を定量的に示したものなので、誰もが理解できるもの（達成できるかは別として）でした。しかし、この東証の「資本コスト経営」への要請（以下　東証開示要請）の内容は、抽象的かつ概念的なものであり、多くの企業が対応に苦慮しているようです。

そもそも、日本の企業の多くは資本コストを意識せずに経営されてきた歴史もあり、いきなり自社の資本コストを開示しろと言われてもどうしていいのかわからないというのが本音でしょう。「いっそのこと、東証が資本コストの計算式を開示したら楽なのに……」といった怨嗟の声も多く聞こえてきます。

ただ東証開示要請の内容が、概念的にならざるを得ないのには理由があります。具体的に資本コスト算出式などを開示しても、全上場会社に当てはまる単純なメソッドはありえませんので、投資家を混乱させるだけです。また、具体的なマニュアルにすると、企業によっては自社に都合の良い手法をチェリーピックする可能性もあり、投資家の期待にそえないかもしれません。

▶資本コストとは何か

▶東証開示要請に対し自社はどのように対応するのが最善なのか

▶アクティビストを含めた投資家と五分に対話するために必要な知識は何か

このような経営者からの声に応えるべく、本書を書き下ろしました。

本書では、東証開示要請に適切に対応できるための知識やノウハウを、とことん解説していきます。本書は、第1章から第4章までを理論編として、資本コストの概念や算出方法、企業価値に関する理論的な解説をします。

3

コーポレートファイナンス（以下　ファイナンス）の講義の中で、特に経営者が知るべき知識のみをピックアップしました。第5章以降は実践編として、資本コストを意識した経営を実現するためのノウハウ、東証開示要請に具体的にどのように取り組むべきかを解説します。

　でははじめに、なぜ資本市場でさまざまな改革が始まったのかについて解説していきましょう。

資本コスト経営のすすめ　目次

はじめに 3

序　章　資本市場で何が起こっているか 11

1 資本市場をめぐる最近の動き 12

1.東証からの要請 12

2.経産省からの指針 12

3.アクティビストの台頭 13

2 本源的価値と市場価格のギャップ 14

1.東証の要請と本源的価値 14

2.経産省の指針の意味 15

3.不健全なM&Aの台頭 18

3 経営者は何をすべきか 18

理論編

第1章　企業価値とは何か 23

1 企業価値の尺度 24

2 企業価値は将来キャッシュフローの現在価値 25

1 割引現在価値とは何か 25

2.企業価値は永久債の価値 27

3 会計上の資産と企業価値との違い 29

1.簿価と時価 29

2.利益は概念、キャッシュフローは現金 30

4 割引率と企業価値 32

1.割引率と価値の関係 32

2.無形資産が最強の資産 35

第 2 章　資本コストとは何か 39

1 資本コストの定義 40

2 3つの資本コスト 41

1.株主資本コスト（COE） 41

2.負債コスト（COD） 41

3.加重平均資本コスト（WACC） 41

3 資本コストに関する考察 43

1.業界別資本コスト 43

2.コストはリターンの裏返し 44

3.重要な経営指標と資本コストとの関係 45

4 PBR＜1倍はなぜいけないのか 48

1.PBR<1倍は将来を悲観？ 48

2.資本コストとPBRの関係 48

5 リスクは価格の変動性 51

1.リスクの定量化 51

2.ハイリスクならば、ハイリターンでなければいけない 53

3.株価変動モデル 55

6 資本構成と資本コストの関係 59

1.負債利用で資本コストは下がるか 59

2.資本コストは一定でなければならない 60

3.負債により変化するのは株主資本コスト 61

4.1つのパイの分配の仕方—負債による節税効果とは何か— 62

第3章　資本コストはどのように決まるか 65

1　CAPM理論 66

1.CAPM理論とはなにか 66

2.マーケットポートフォリオ 67

3.βという背番号の意味 68

4.株主資本コストの算出方法 70

2　CAPM理論は万能ではない 71

1.CAPMに1つの解はない 72

2.βは一定ではない 73

3.リスクが高くても資本コストが低くなる 74

4.財務レバレッジは資本コストを歪める 77

5.完全市場には程遠い 79

6.CAPMをうのみにするのは危険 81

3　CAPM理論以外の資本コスト算出方法は 83

1.エクイティ・スプレッドモデルによる検証 84

2.配当還元モデルによる検証 85

第4章　企業価値を上げるには 87

1　本源的価値まで株価を上げないとどうなるか 88

2　企業価値が上がる理由 90

3　本源的価値と市場価格のギャップはなぜ発生するか 91

1.情報の非対称性 91

2.市場の流動性 92

3.なぜ現金は嫌われるか 92

4　資本コストを下げるには 93

1. キャッシュフローの変動性を下げる 93

2. 財務レバレッジの利用 94

3. 事業計画の開示 94

5 事業計画の開示がなぜ必要か 95

1. 事業計画を公表する必要はあるのか 95

2. 投資家はどう受け止めるか 96

3. 事業計画を達成できなかったら 97

4. 事業計画策定と公表に向けた課題との向き合い方 98

―――――― 実践編 ――――――

第5章 資本コスト経営とは何か 103

1 投資家と経営者の視点のギャップ 104

1. 効率性に対する考え方の違い 104

2. 企業価値に対する考え方の違い 105

3. 資本コストに対する考え方の違い 107

4. 伊藤レポートによる経営者への警鐘 107

2 日本の株式市場の現状 109

1. 米国・欧州との格差 109

2. PBRの比較 111

3. ROEの比較 112

3 アクティビストと資本コスト 113

1. アクティビストとは何か 113

2. アクティビズム事例 114

3. 解説 116

4 資本コスト経営に関する誤解 117

1. 資本コスト経営は一過性のブームか 117

2. 企業の個別性を無視しているか 117

3. PBR>1倍、ROE>8%を達成できればいいのか 118

5 資本コスト経営とは投資家との共通言語による会話 119

1. 資本コスト経営までの道のり 119

2. 上場維持基準の改訂 120

3. 共通言語を使った対話 122

第6章　東証開示要請に正しく向き合うには 123

1 東証開示要請の概要 124

STEP（1）現状分析 125

STEP（2）計画策定・開示 125

STEP（3）取組みの実行 125

STEP（4）毎年の更新 125

2 東証開示要請の変遷――開示から中身へ 126

1. まずは"開示"より始めよ 126

2. 開示有無より中身が重要 128

3. 現状分析が鬼門 133

4. "検討中""アップデート"にも期限あり 135

3 「好事例」と「ダメ事例」 137

1. 「好事例」と「ダメ事例」とは何か 137

2. 「ダメ事例」と「好事例」の視点 139

4 実践：東証開示要請への効果的な対応 141

1. 現状分析・評価 141

2. 取組みの検討・開示のポイント 167

3. 株主・投資者との対話のポイント 178

第7章　資本コスト開示で何が問題になるか 185

1　社内体制の構築 187

1.経営層が開示に消極的 187

2　資本コストの算出について 188

1.マーケットリスクプレミアムの算出 188

2.CAPMのβがバラバラ 189

3.資本コストが低すぎる 191

3　資本コスト以外に何を開示したらよいか 193

4　投資家とはどのように会話すべきか 196

終章　資本コスト経営の実践に向けた総括 201

1　資本コスト経営は道半ば 202

2　資本コストの把握が第一関門 203

3　バランスシートの効率化 203

4　投資家との会話 204

5　ストック・オプションの活用 204

6　今後の展望 205

最後に：資本コスト経営はピンチではなくチャンス 206

序　章

資本市場で
何が起こっているか

COST OF CAPITAL
MANAGEMENT

1 資本市場をめぐる最近の動き

　ここ数年、資本市場をめぐる改革の動きが活発化していることは、皆様お気づきでしょう。「資本コストや株価を意識した経営の実現に向けた対応」「上場維持基準」や「公正なM&Aに関する指針」「企業買収における行動指針」などさまざまな要請や指針が出てきています。なぜ今このような要請が続いているのか。そして経営者は市場から何を求められているのでしょうか。

1. 東証からの要請

> 2022年4月　「上場維持基準の概要」
> 2023年3月　「資本コストや株価を意識した経営の実現に向けた対応」

　前者は上場基準に流通株の比率や時価総額などの数値目標を設定し、それを満たさない企業は上場廃止となるという厳しいものです。後者は文字通り、経営者が自社の資本コストを意識して、それを上回る資本利益率（リターン）を出すことを要請しました。

　後者の「資本コストや株価を意識した経営の実現に向けた対応」は本書のメインテーマですから、全章を通じて詳細に解説しますが、一言でいうと「自社の資本コストや資本収益性を把握し、M&Aを利用して成長投資や事業ポートフォリオの見直しを行い、中長期的な企業価値向上と持続的な成長をしなさい。」ということになります。

2. 経産省からの指針

> 2019年6月　「公正なM&Aの在り方に関する指針」
> 2023年8月　「企業買収における行動指針」

　また経済産業省（以下　経産省）からはM&Aにおける重要な指針が発表されました。詳細については割愛しますが、上場企業が絡んだM&Aにおいて

12　序章　資本市場で何が起こっているか

は、これらの指針がソフトローとして実務の中で取り扱われています。M&A に反対する株主との裁判においても、これらの指針に則って取締役等が行動したかが焦点となっています。要点としては、M&A に際しては「**株主利益の確保**」「**企業価値の向上**」「**情報の非対称性の解消**」が満たされることを求めています。

3. アクティビストの台頭

　日本においては、かつては村上ファンドを代表とする「物言う株主」は、市場の異端児でしたが、現在はアクティビストと呼ばれ、存在意義は広く認知されています。また彼らからの株主提案も激増し、その内容も多岐にわたっています。

　「敵対的買収」という用語も、買収指針では「同意なき買収」という表現に変更されました。ニデック（旧日本電産）や第一生命など日本の代表的な企業も同意なき買収を実行しています。

> 　「2024 年はアクティビスト（物言う株主）による企業への圧力が増した。保有目的に『重要提案行為』と記載した大量保有報告書は 133 件にのぼり、23 年比で 55% 増えた。持ち合い株の解消が進み、安定株主が減ったことが背景にある。経営者は収益力を高め企業価値を一層向上させる必要がある。（共同保有者を含め保有目的に『重要提案行為』とある大量保有報告書を日本経済新聞が集計した。既に保有している株式の買い増しや売却などに伴って提出する変更報告書は除き、上場企業による提出なども集計対象外とした。24 年は 12 月 25 日提出分までを反映した。）」（日本経済新聞　2024 年 12 月 27 日）

　このように、アクティビストの活動は市場から一定の市民権を得て毎年激しくなっています。アクティビストの活動については第 5 章の第 3 節で解説します。

　大量保有報告書の提出日時点で、アクティビストの投資対象企業のうち PBR（株価純資産倍率）が 1 倍よりも小さかった企業は、全体の 43% にあたる 57 社にのぼります。PBR ＜ 1 倍はアクティビストの絶好の標的なのです

（PBR については第 2 章の第 4 節で解説します）。

2 本源的価値と市場価格のギャップ

これら上記の動きは、実はすべてがつながっています。これらの目的はさまざまですが「共通したテーマ」があるのです。それは「**本源的価値と市場価格のギャップの是正**」です。

投資家や東証は上場企業の経営者に対し、やみくもに「株価を上げなさい」と言っているわけではないのです。彼らが求めていることは、「あるべき価値（本源的価値）まで、市場の株価を上昇させる工夫と努力をしなさい」なのです。

本源的価値とは「企業の将来の収益力を反映した価値であり、理論的な株式価値」といえます。具体的には、効率的な市場で合理的な投資家が売買する価格です。裏を返せば、実際の株式市場は効率的ではなく、合理的に判断しない（できない）投資家も存在するということです。

1. 東証の要請と本源的価値

経産省も東証も M&A を通じて企業価値の向上を目指し、日本の国力を少なくとも維持、できれば向上させていこうとしています。しかし、市場価格＝本源的価値でなければ、健全な M&A が行われる土壌が育ちません。

その意味で「本源的価値と市場価格の乖離がない市場を作る」ことが、今回の資本市場改革の目的といえます。このために東証が要請している点は大きく分けると、以下となります。

▶最低限の市場流動性や時価総額、少数株主の一定程度の比率を求める──「上場維持基準の強化」

▶資本コストや資本収益性等の開示──「資本コストや株価を意識した経営」

多くの投資家が取引できる**流動性の高い市場**を形成しなければ、市場価格は本源的価値に一致しませんし、資本のコストなどの開示により投資家と経

14 序章 資本市場で何が起こっているか

営者の間の**情報の非対称性**を解消しなければ、株価は本源的価値に近づきません。このようにそれぞれの指針が有機的かつ密接につながっているといえます。

2. 経産省の指針の意味

　平時でもそうですが、今後上場企業の非公開化や買収などが活発化することが予想される中で、経産省は買収に関するプラクティスを確立し、東証は適切な価格形成を市場に求めています。

　経産省からの2つの指針は、上場企業のM&Aにおいて「企業価値の向上と株主利益の確保」を担保すべく、さまざまなルールを盛り込んでいます。なぜさまざまなルールが必要なのか、一番の理由は<u>日本の上場企業の多くが本源的価値と市場価格に乖離があるから</u>と考えます。<u>本源的価値と市場価格に乖離がある場合、企業価値の向上と株主利益の確保の是非を判断しにくくなります</u>。なぜ判断しにくくなるか説明しましょう。

①企業価値の向上

　ある買収対象企業の株が100円で取引されており、そこに150円で買収提案が来たとします。ただ、この会社の本源的価値がもし200円だったとしたら、この提案は企業価値の向上を満たす提案でしょうか。

　本源的価値を下回る株価で買収提案をするということは、企業価値を向上させる提案ではないということになります。この場合は200円を超える買収提案が来たときに、初めて企業価値の向上に資する提案と判断できます。買収提案してきた企業は、その買収によるシナジー効果などで、今の本源的価値を引き上げることに充分勝算があると考えていると判断できるからです。その意味でも、M&Aに際し、本源的価値を把握することは非常に重要な事項だといえます。

②株主利益の確保

　では、この150円での提案が株主の利益になるかを検討してみましょう。

　100円で取引されている株式について、50%のプレミアムのついた価格が

15

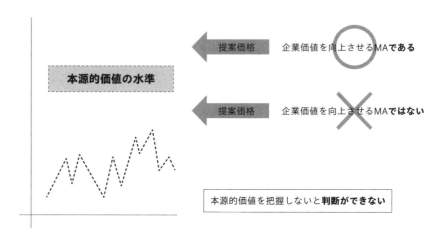

提示されたわけですから、一見株主にとってメリットのある提案と思われます。しかし、本源的価値の200円よりも低い提案であるということは決して株主の利益になるとはいえません。株主の利益になると判断するには、本源的価値の200円よりも高い提案でないといけないということです。

このように、本源的価値と市場価格に乖離があるケースでは、企業価値の向上や株主利益の確保の判断が非常に難しくなります。特に対象会社の取締役は、株主に対して買収提案が株主の利益になるかどうかの判断を迫られるわけですので、本源的価値と市場価格の乖離は非常に頭を悩ませる状況になります。

このような本源的価値と市場価格に乖離がある状況は、短期的利益のみを狙う買収提案も誘引しかねません。健全なM&Aが行われる条件として、本源的価値と市場価格に乖離がないことは非常に重要となります。もし本源的価値と市場価格が一致していれば、市場価格を上回る提案は、株主の利益に

買収価格の判断2──株主の利益になるか？

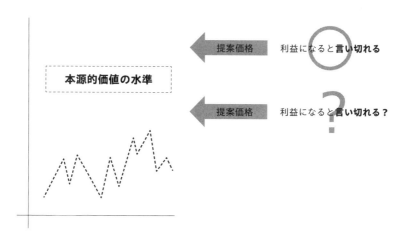

買収価格の判断（まとめ）──企業価値の向上、株主の利益になるか？

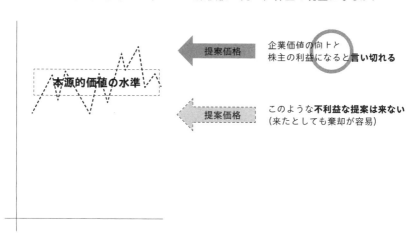

17

もなりますし、企業価値の向上にもなります。そして市場価格を下回る提案は、そもそも実行可能性が低いため来なくなります。その意味でも M&A に関わるさまざまなステークホルダーにとって非常に心地よい状況といえます。

3. 不健全なM&Aの台頭

詳細は第5章で解説しますが、アクティビストの一部は、本源的価値と市場価格に乖離のある企業に株主提案や買収などのアクションを起こします。この価格差のみを狙った買収提案は広い意味で株主の利益にはなりません。

例えば、非常に堅実に利益を出している会社があり、従業員、消費者、取引先を含めたステークホルダーが満足している状況だとしましょう。ただこの会社は現金が非常に多く、PBR＜1倍、いわゆる本源的価値と市場価格に乖離がある状態としましょう。アクティビストはこの会社の清算価値（現金の価値）に目をつけ、同意なき買収を仕掛け、買収後に会社を清算してしまうかもしれません。これは企業や社会、さまざまなステークホルダーに大きな損失を与えます。

3 経営者は何をすべきか

日本の株式市場の問題は、「割安な銘柄が多い」かつ「割安のまま市場価格が是正されず放置されている」につきます。

詳細は第5章で説明しますが、PBR＜1倍の銘柄が4割もある資本市場は、先進国の中では日本だけです。この悲惨な状況が放置されている理由はいろいろありますが、企業経営者の資本市場に関する知識の欠如もその一因といえます。これは、私の考えというよりも、そのように投資家や市場関係者が考えているということです。市場関係者や投資家は、経営者に対し以下のような問いに答えられるファイナンスの知識を求めています。

▶自社の資本コストはいくらなのか
▶企業価値向上のために何をしたらよいのか

▶自社の本源的価値はいくらか

▶市場価格と本源的価値にギャップがあるのは何が原因なのか

　少なくとも、これらに明確に回答できる知識とノウハウを経営者自身が身につけなければ、株主や市場から見放される時代になっているのです。経営者が直面している課題を解決すべく、本書を通じて、「市場や投資家と対等に対話できる」「自社の企業価値向上のためにすべきことを認識する」ための知識を身につけていただきたいと心から願います。

　東証は市場改革を通して日本の株式市場を本気で変えようとしています。機関投資家も運用責任を果たすべく議決権行使基準を厳格化しています。アクティビストも割安な日本市場に対するにらみをきかせ続けています。上記に挙げた東証や経産省の指針やアクティビストからの要請など、経営者に課せられるものは厳しさを増しています。ただ、これを必要悪などとは考えず、企業価値や株価を向上させるための絶好の機会と前向きにとらえていただきたいと思います。

　市場の声に耳を傾けて自社の資本コストを的確に把握しつつ、資本コストを踏まえた経営目標の方針を基に、市場と適時適切に対話していくことが不可欠です。この出発点として、少なくとも企業の経営陣には、資本コストの重要性を正しく理解することが求められているでしょう。

　現代の株式市場は多くの課題を抱えていますが、投資家の目線とズレていない戦略や目標を設定し、投資家に誤解を与えない対話や開示をすることで、株価が本来の企業価値である本源的価値の水準に収斂していきます。これは、日本の資本市場全体が将来、好循環するための乗り越えるべきハードルとも考えることができます。そしてそれは、決して不可能なものではないと思います。本書がそのための一助になれば幸いです。

理論編

COST OF CAPITAL

MANAGEMENT

第 **1** 章

企業価値とは
何か

COST OF CAPITAL

MANAGEMENT

ここから第4章までは理論編です。今後一層求められるようになる資本コストの開示に始まる投資家との対話において、どうしても必要なファイナンス理論について解説します。MBAで教わる一般的なファイナンスの講義をより凝縮し、経営者が知るべき必要十分な項目に絞り、なるべく平易に解説しています。

1 企業価値の尺度

　そもそも価値の尺度は1つではありません。文化的価値、希少価値、歴史的価値などさまざまな尺度があります。当然それぞれの尺度は独立しており、文化的価値の多寡と希少価値の多寡を比較することもできません。では、企業価値の尺度についてはどうでしょうか。

　近年まで経営者が考える企業の価値の尺度は多岐にわたっていました。例えば、ある経営者は「従業員こそが企業の価値だ」と、別の経営者は「お客様や取引先あっての我々だ」と、そして多くの経営者は「世の中のためになることが企業の価値だ」とうそぶきます。

　しかし、2023年8月に「企業買収における行動指針」が発表されてから、M&Aにおける企業価値の定義が明確になりました。買収指針には3つの原則が掲げられていますが、第一原則に以下の記述があります。

第一原則　企業価値・株主共同の利益の原則

　「望ましい買収か否かは、企業価値ひいては株主共同の利益を確保し、又は向上させるかを基準に判断されるべきである。

　「企業価値」は定量的な概念であり、対象会社の経営陣は、測定が困難である定性的な価値を強調することで、「企業価値」の概念を不明確にしたり、経営陣が保身を図る（経営陣が従業員の雇用維持等を口実として保身を図ることも含む。）ための道具とすべきではない。」

　「公正なM&Aの在り方に関する指針」においては、「企業価値とは、企業が生み出すキャッシュフローを割引現在価値に換算した総和」と明確に定義

されています。

　経営者が多様な価値観を有することは理解できますが、資本市場において企業の価値の尺度は1つです。それは金銭的価値、換言すれば「お金に換えたらいくらになるか」なのです。当然、この考え方には賛否両論あるかもしれませんが、日本市場に上場している限り価値の尺度は「円」でなければなりません。

　なぜならば、金銭的価値に尺度を統一することでさまざまな企業の価値を一律に比較することが可能となり、投資家や市場との対話において、統一の言語「金銭的価値」を使うことができるからです。M&Aなどさまざまなコーポレートアクションにおいて、いたずらに価値の尺度を変えると、その是非の判断があやふやになりかねません。

　企業価値の向上を妨げるのであれば、「経営者自身も退場しなければならない。また、大幅な人員整理も辞さない」という考えは、従来の日本的経営の慣行においては受け入れがたい側面があるかもしれません。「三方よし」といった日本的経営の美学を無視し、市場原理や拝金主義を正当化しているように見えます。しかし、「価値の尺度を定量的にする＝円にする」ことが、やはり資本市場において最適なのです。

　後ほど詳細を述べますが、企業の価値の源泉はやはり人であり、従業員はかけがえのない価値の源泉です。健全な企業であれば、従業員の整理は企業価値を毀損させることになり、企業価値の向上という観点においては、全く何も矛盾はありません。資本市場におけるさまざまな改革は、金銭的価値という共通の尺度の上で、より透明な資本市場の確立及び株価を本源的価値まで向上させるための施策が満載されているのです。

2 企業価値は
将来キャッシュフローの現在価値

1. 割引現在価値とは何か

　定量的な企業価値は「**将来キャッシュフローの現在価値（PV：Present**

Value）」と一義的に定義できます。「キャッシュフローの現在価値」という概念は、ファイナンス理論に基づいています。ファイナンス理論の考え方は会計上の概念とは全く違うものだということを、まず頭に入れておいてください。

　ここで大事なのは現在価値という概念です。仮に今、我々が「金利10％の世界」に生きているとしましょう。今日100円を預ければ、1年後110円、2年後は121円（複利で計算されます）に増えていきます。それを逆に考えてみましょうか。1年後の100円は今いくらでしょう、100円÷（1＋10％）＝約91円になります。この状況をファイナンス理論の世界では、「金利10％で1年後の100円の現在価値は約91円」、1円当たりの割引現在価値を**ディスカウント・ファクター**（DF：Discount Factor）といいます。

　このように将来キャッシュフローは現在価値に戻す際に割引いて計算されます。そしてn年後に発生するキャッシュフロー（CF）の現在価値の計算式は以下になります。

PV（現在価値）＝ CF/（1+割引率）^{n}

　当然ですが、金利（割引率）が高ければ高いほど、割引く期間が長ければ長いほど、現在価値は低くなります。では、この考えを使って、我々がよく知っている債券の価値を計算してみましょう。一般的に債券はクーポンと元本の償還の2つのキャッシュフローがあります。クーポンが10％で額面100円の10年債券のキャッシュフローは以下のようになります（毎年クーポンが10円、償還日にはクーポンに100円の元本が追加されます）。この債券の価値はいくらになるか、改めて計算すると下記の表のようになります。

年次	1	2	3	4	5	6	7	8	9	10
キャッシュフロー	10	10	10	10	10	10	10	10	10	110
DF	0.91	0.83	0.75	0.68	0.62	0.56	0.51	0.47	0.42	0.39
現在価値	9.09	8.26	7.51	6.83	6.21	5.64	5.13	4.67	4.24	42.41

現在価値合計　　　100.0

このように、10年分のクーポンの現在価値と10年後の元本償還の現在価値を足し合わせると、見事に100円になります。「なんだ、当たり前ではないか」という感想かもしれませんが、これは非常に大事な考え方です。

　何が大事かというと、<u>この計算には2つの金利が使われているという点です</u>。1つは分子のキャッシュフローの計算に用いた「債券の利率（クーポン）」で、もう1つは分母の現在価値の算出に用いた「割引率（市中金利10%）」です。この2つは似て非なるものであり、**前者がリターン（投資利回り）、後者がコスト（割引率）**と定義されます。東証の「資本コスト経営」の根幹にある考えが、このリターンとコストの比較になるのです。

　この債券の価値が額面と同じ100円になったのは、<u>リターンとコストが同じく10%だったからにほかなりません</u>。このように将来のキャッシュフロー（＝リターン）を見積もり、割引率で現在価値に戻す評価方法が**DCF（Discounted Cash Flow）法**であり、企業価値評価に使われる最も説明能力の高い手法です。

2. 企業価値は永久債の価値

　ここでもう1つ別の債券の例を加えましょう。この債券は元本の償還がなく、永久にクーポン10億円だけが支払われるいわゆる永久債と言われるものです。永久債は机上の産物ではなく、リーマン・ショック後に先進国を中心に実際に発行されてきました。永続的にクーポンしか支払わない元本償還のない債券の価値は、いったいどのように計算するのでしょうか。これについても割引率を使った現在価値の数式を少し工夫すれば簡単に算出できます。

〈永久債の価値の計算式〉

PV（現在価値）＝CF/(1＋割引率)^1＋CF/(1＋割引率)^2
＋CF/(1＋割引率)^3＋……

　ここで 1/(1＋割引率)＝Aと置くと、

$$PV = CF(A + A^2 + \cdots\cdots) \qquad \cdots\cdots ①$$
$$PV \div A = CF(1 + A + A^2 + \cdots\cdots) \qquad \cdots\cdots ②$$

したがって、②−①は

$$PV \times (1/A - 1) = CF$$

ここにAの定義を代入すると、

$$PV \times \{(1 + 割引率) - 1\} = CF$$
$$PV \times 割引率 = CF$$

よって、

PV（現在価値）= CF（毎年のキャッシュフロー）/割引率

　このように永久債の価値は、「PV（現在価値）= CF / 割引率」と、シンプルな数式で表されることになります。なぜここで永久債の価値の話をしたかというと、実は「企業の価値は永久債の価値と同じ」と言えるからです。なぜならば、企業の株式に投資した投資家は、企業からその元本の償還を受けることができません（当然市場では株の売買はできますが）。ただ配当やキャピタルゲインのみを期待するしかないからです。

　ある程度成熟した企業のキャッシュフローは毎年ほぼ同額とすると、その企業の価値は「毎年のキャッシュフローをその会社の割引率で割ったもの」に他ならないのです。毎年10億円のキャッシュフローを生むと期待されている企業の割引率が10%だとすると、その企業価値は10億円/10%＝100億円と評価されるのです。このように毎年同額のキャッシュフローが発生する状態を「**永久年金**」と定義します。

　また、企業ごとに適用される割引率が「資本コスト」です。資本コストは投資家が求める期待リターンにほかならず、その値は株式市場を通じて決定されます。詳細は次の章で解説します。

28　第1章　企業価値とは何か

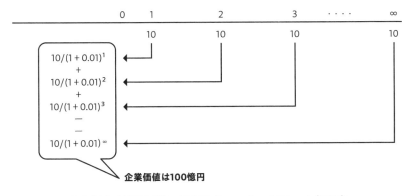

永久年金の現在価値＝毎年のキャッシュフロー÷割引率

3 会計上の資産と企業価値との違い

1. 簿価と時価

　貸借対照表上の資産とファイナンス理論上の企業価値はどのように違うのでしょうか。以下の図で比較してみましょう。
　貸借対照表上は簿価、ファイナンス理論上は時価という点が両者の大きな違いです。時価評価を行うにあたっては事業用資産（買掛金など事業用の負債を含む）はすべてキャッシュフローに転換され、DCF法により事業価値として時価評価されます。非事業用資産（現金や投資有価証券など）も時価評価の対象になりますが、現金などは価値が変わりませんので、通常時価評価はしません。
　事業価値と非事業用資産の合計が企業価値であり、企業価値から有利子負債を除いたものが株主価値です。簿価上の事業資産よりもDCF法で評価された事業価値のほうが高ければ、結果として株主資本よりも株式時価総額の

ほうが高くなり、この状態が PBR ＞ 1 倍です。

　会計上の貸借対照表とファイナンスにおける企業価値の右側のほうに注目してみましょう。会計（貸借対照表）の負債は有利子負債とそれ以外の負債（買掛金や未払金など）ですが、ファイナンス（企業価値）のバランスシートの右側は有利子負債しかありません。ファイナンス（企業価値）のバランスシートでは右側は投資家から調達した資金のみしか計上されないのです。資本コストという概念を使う以上、それ以外の負債はカウントされないのです。

2. 利益は概念、キャッシュフローは現金

　では損益計算上の利益とキャッシュフローは何が違うのでしょうか。

　感覚的には税引き後の当期純利益が最終的に会社に残る利益なので、キャッシュフローと考えてもいいと思われます。しかし、それほど簡単ではありません、実際はさまざまな調整が必要になってきます。<u>利益は「概念」であり、キャッシュフローは**「その年に増減した現金」**そのもの</u>なのです。利益は会計上のルールにより変わりますが、キャッシュフローはどんな会計基準でも誰が計算しても答えは１つです。企業の価値の算出に使うキャッシュフローを「**フリーキャッシュフロー（FCF）**」と定義します。フリー

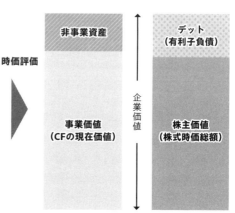

キャッシュフローは事業から発生したキャッシュフローであり、会社の価値の源泉となります。例えば遊休資産を売却して得た現金や、融資により調達した現金は、企業価値に関係ありませんので一般的にフリーキャッシュフローには含めません。

その1つの答えを計算するために損益計算書の数字だけではなく、バランスシート上の数字も参考にします。例えば、ある企業の損益が以下のようだとします。

（単位　億円）

売上高 100　原価 60　販管費 30　営業利益 10　当期純利益 7

当期純利益として計上された金額は7億円なので、その年の現金は7億円増えたかのように見えます。もしその年の取引がすべて現金で行われ、費用もすべて現金の支払いが発生するものであった場合は、それで正しいのですが実際は違います。

売上のうち売掛金が40億円、原材料の調達のうち10億円が買掛金、また販管費に現金の支出が伴わない減価償却費が20億円あり、工場が古くなったので設備投資を20億円したとしたら、フリーキャッシュフローは以下の通りとなります。当期純利益は7億円ですが、フリーキャッシュフローは23億円のマイナスとなります。

当期純利益とフリーキャッシュフロー

（億円）

当期純利益		（調整額）	フリーキャッシュフロー
売上	100	内　売掛金40	＋60
原価	60	内　買掛金10	△50
販管費	30	内　減価償却費20	△10
営業利益	10	設備投資20	△20
税金	3		△3
当期純利益	7		△23

31

一般的には会計上の数字を以下のように調整してフリーキャッシュフローを求めることになります。この例に当てはめると以下の通りです。

FCF＝営業利益10億円（1－税率30％）＋減価償却費20億円
　　　－設備投資20億円－（売掛金40億円－買掛金10億円）＝▲23億円

〈当期純利益〉　　　　　　　〈フリーキャッシュフロー〉
会計上の利益　　　≠　　実際に手元に残るキャッシュの動き

調整が必要！

FCF ＝ 営業利益(1 －税率) ＋ 減価償却費 ― 投資 ― ⊿WC

ビジネスからのリターン　　　　ビジネスへの
　　　　　　　　　　　　　　　２つの投資

△WC：昨年より増加した運転資本

その年の利益が出たとしても、フリーキャッシュフローが増えたとは必ずしも言えません。売掛金や買掛金の発生、消滅する時期や設備投資とその償却期間などにより、単年でのフリーキャッシュフローは大きく変わります。

　重要なのは単年度のフリーキャッシュフローの多寡ではなく、将来発生するすべての期間のフリーキャッシュフローの現在価値です。したがって、経営者は単年度の利益を追うのではなく、将来にわたるビジョンと戦略をもって経営にあたらなければ、企業価値の向上にはつながらないのです。

４ 割引率と企業価値

1. 割引率と価値の関係

　さて、いままでは「２つの金利であるリターン（投資利回り）とコスト（割引率）は等しい」という前提の世界で話をしてきましたが、その２つが異な

32　　第1章　企業価値とは何か

る世界では債券の価値はどのように変わるでしょうか。

　リターン（投資利回り）は 10％と変わらず、市中金利＝コスト（割引率）が 10％から 5％に下がると前述の債券の価値は 139 円に上昇、15％に上昇したら価値は 75 円に下落します。

割引率＝5％の場合

年次	1	2	3	4	5	6	7	8	9	10
キャッシュフロー	10	10	10	10	10	10	10	10	10	110
DF	0.95	0.91	0.86	0.82	0.78	0.75	0.71	0.68	0.64	0.61
現在価値	9.52	9.07	8.64	8.23	7.84	7.46	7.11	6.77	6.45	67.53

現在価値合計　　　138.6

割引率＝15％の場合

年次	1	2	3	4	5	6	7	8	9	10
キャッシュフロー	10	10	10	10	10	10	10	10	10	110
DF	0.87	0.76	0.66	0.57	0.50	0.43	0.38	0.33	0.28	0.25
現在価値	8.70	7.56	6.58	5.72	4.97	4.32	3.76	3.27	2.84	27.19

現在価値合計　　　74.9

　このようにリターンが一定でコスト（割引率）が変化すると、債券の価値も変化します。よく知られているように、金融緩和があると債券価格は上昇し、引き締めがあると下落します。後ほど詳細を解説しますが、企業価値（株式価値）も債券と同様、市中金利の影響を受けます。今回のメインテーマである「資本コスト」には国債の金利が内包されているからです。

　それではここで質問です。それぞれ満期日が違う元本 100 億円でクーポン 10％の債券があるとします。下記のようにそれぞれの債券のキャッシュフローの総額は大きく違いますが、それぞれの債券の現在価値はいくらになりますか。

満期	キャッシュフローの総額
10 年	クーポン 10 億円 × 10 年＋元本 100 億円＝ 200 億円
20 年	クーポン 10 億円 × 20 年＋元本 100 億円＝ 300 億円
100 年	クーポン 10 億円 × 100 年＋元本 100 億円＝ 1,100 億円
永久債	無限大

　正解は「割引率が 10％であれば、すべての債券の価値は同じ」となります。前述の通り、金利はリターン（投資利回り）とコスト（割引率）が一致している限り上記の債券の現在価値はすべて等しく 100 億円となります。では、市中金利＝コスト（割引率）が 10％から 5％に下がったら、また 15％に上昇したらそれぞれの価値はどのように変化するでしょうか。計算結果は以下の通りになります。

債券の現在価値

(億円)

割引率	5%	10%	15%
10年債	139	100	75
20年債	162	100	69
100年債	199	100	67
永久債	200	100	67

　市中金利（割引率）が 5％に下がれば債券の価値は上昇し、15％に上昇すれば債券の価値は下がります。それぞれの債券の価値の変動性に注目すると、より期間（duration）の長いものほど変化率が高くなることがわかります。特に永久債においては、割引率が 10％から 5％に下がると価値は 2 倍に跳ね上がります。

　企業の価値が永久債と同じと考えると、割引率の変化が企業価値に大きな影響を与えることになります。極端な話をすれば、キャッシュフローが 1 円であっても割引率がゼロに近づけば企業価値は無限大になるのです。また割引率が上昇すればすべての債券の価値は下がりますが、変化率は逓減してい

34　第 1 章　企業価値とは何か

き、どの期間の債券も大体同じ値に収斂していきます。企業価値が永久債と同様と考えれば、「いかに割引率を下げるかが企業価値向上にとって重要」かがわかるはずです。

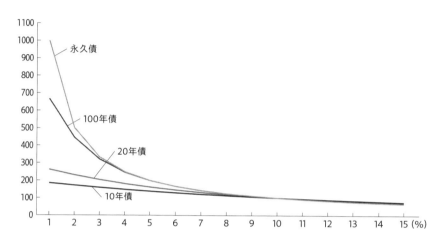

割引率と現在価値の関係

2. 無形資産が最強の資産

　会計上は、貸借対照表上の左側にあるものは資産であり、株主資本の価値は資産から負債を除いたものになります。具体的には払い込まれた資本金と今まで蓄えた利益剰余金等の合計です。

　今まで説明してきた通り、ファイナンス上の企業価値は「将来キャッシュフローの現在価値」です。もしその価値が会計上の資産より高ければ、結果として「株主資本（純資産）＜株式時価総額」、すなわちPBR＞1倍となります。バランスシートにない「見えない資産」が計上されることになります。

　この見えない資産のことを**無形資産**と呼び、企業価値向上の非常に大事な概念になります。また、会計上とファイナンス理論上の資産に関する考え方は全く異なります。会計上のバランスシートの資産の内訳は、下の図のように並んでいます。上から現金にしやすい順に並び、基本的に1年以内に現金

に変わるものを流動資産といい、現金化に1年以上かかると見込まれる本業に供される資産を固定資産と呼んでいます。

なぜこの順番に並んでいるかというと、会計上は現金に近い資産のほうがより良い資産であり、現金にしにくい資産は劣後するという思想が根底にあるからです。会計監査上は財務的なリスクを中心に考えるので、このような考えになります。それに比べてファイナンス上の考えはどう違うのでしょうか。ファイナンス上の資産は企業価値であり、その内訳は会計上の資産に無形資産を足し合わせたものになります。これらは下から上に、「キャッシュフローを生む力の強さ」の順番に並んでいると考えても良いでしょう。現金や売掛金などはそれ自体がキャッシュフローを生むことはありません。売掛金は単にキャッシュに変わるだけです。

一方、工場や設備などの固定資産は商品やサービスを生産するためのツールであり、キャッシュフローを生む資産です。この固定資産よりもキャッシュフローを生む力が強い資産が、目に見えない資産である「無形資産」なのです。

例えば、もしあなたが起業して無尽蔵な資金を元手に、トヨタ自動車と全く同じ生産設備を手に入れることができたとします。そこで生産された自動

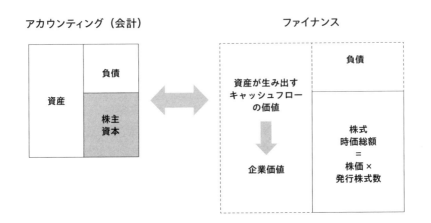

36　第1章　企業価値とは何か

車は果たして何台売れるでしょうか。残念ながら、全く信頼や実績のないあなたの会社が生産した車に乗ろうとする勇気のある人はいないと思います。結局、会計上のバランスシートはトヨタと同様にすることができたとしても（現実的には考えにくいですが）、トヨタと同様の無形資産を創出することは困難を極めるはずです。

　無形資産の中身は、ブランド力（会社の培ってきた信用力）、製品に対する信頼、かんばん方式などの特有のオペレーティングシステム、そしてなにより、そこで働く人材が最も貴重な資産といえます。

　無形資産は個社に特有の資産であり、他社からの模倣が困難なものほど価値が高くなります。PBR＜1倍の企業は、市場から見て無形資産が十分に評価されていない可能性があると言えるかもしれません。経営者は、「株主からは有形資産ではなくこの無形資産の価値をより大きくするよう求められている」ことを忘れずに経営にあたらなければなりません。

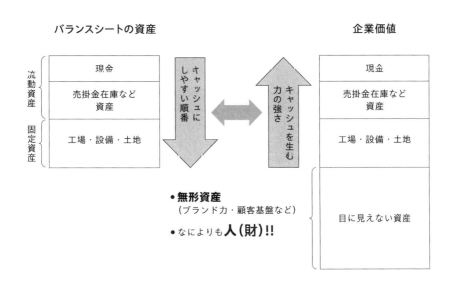

第 **2** 章

資本コストとは何か

COST OF CAPITAL
MANAGEMENT

1 資本コストの定義

　資本コスト（COC：Cost of Capital）とは、「**企業のフリーキャッシュフローを現在価値に割引くときに適用される割引率**」です。資本コストはキャッシュフローのリスクを反映させた金利であり、事業がハイリスクの場合などには高い資本コストが期待されます。

割引率（資本コスト）＝リスクフリーレート（国債の金利）＋リスクプレミアム

　事業内容が同一であれば異なる企業でも事業リスクに大きな差はないので、結果として資本コストに大きな差は出ません。事業リスクはキャッシュフローの変動や期待利回りの変動を反映しますが、大きくは景気の変動リスクを反映します。大事な点は、事業リスクが資本コストを決定するので、因果関係は事業リスクが原因、資本コストが結果です。

　別の視点からいうと、資本コストは、株主や債権者も含めた投資家が企業に求めている投資利回りです。リスクプレミアムは各企業によって異なり、リスクの高いビジネスをする会社は高くなり、安定したビジネスに携わる企業は低くなります。

　誤解のないようにしていただきたいのですが、「リスクが高いことが悪い、リスクが低いことが良い」ではなく、そのリスクの高さが適切に資本コストに反映されているかどうかが重要です。リスクの高い企業に投資するか否かは、投資家の自由意思であり、リスクの高い企業には高いリターンを求めるだけです。

　資本コストを把握しない経営者は、計器の読み方もわからずにジャンボジェットのコックピットに座り、離陸しようとしているパイロットのようなものなのです。

2 3つの資本コスト

これまで、資本コストという用語を、単に「キャッシュフローのリスクを反映した割引率」という定義で使用してきました。

資本コストは対象会社の事業のリスクを表しており、そのリスクが高くなるほど、より高い資本コストが求められる（ハイリスク・ハイリターン）ことになります。

この章では資本コストについてもう少し詳しく解説していきます。

1. 株主資本コスト（COE）

株主資本コスト（COE：Cost of Equity） とは、企業が事業を行うにあたって調達した資金にかかるコストのうち、株主から出資を受けて調達した資本に対するコストのことです。

2. 負債コスト（COD）

負債コスト（COD：Cost of Debt） とは、企業が事業を行うにあたって調達した資金にかかるコストのうち、銀行や社債権者から調達した資本に対するコストのことです。当然、リスクを鑑みれば株主資本コストより低くなります。

3. 加重平均資本コスト（WACC）

資本コストは企業への資金の出し手の期待リターンであり、その意味では、大きく資金の出し手は債権者と株主に分けられます。

企業経営者は、債権者と株主から集めたお金を彼らが期待するリターン以上を生み出すべく経営にあたるのですが、調達したお金には色がついていません。したがって投資家が期待するリターン＝資本コストは負債コストと株主資本コストの平均となります。ここでの平均は、単純平均ではなく加重平均です。

ウイスキーの飲み方もいろいろあります。ストレートか水で割るかによって濃さはだいぶ違ってきます。ソーダが原価100円/杯、ウイスキーが1,000円/杯とすると、ウイスキー6割、ソーダ4割（相当濃いです）で割ったハイボールの原価は加重平均され100円/杯×0.4＋1,000円/杯×0.6＝640円/杯となります。

資本コストについても、負債コストと株主資本コストを金額によって加重平均して求めます。企業の事業リスクを反映した資本コストは**加重平均資本コスト（WACC：Weighted Average Cost of Capital）**となります。

重要なのは株主資本コストに使用する株主資本の金額は会計上の純資産ではなくて、市場で観察される株式時価総額であることです。現時点で対象企業の株を保有する人は簿価ではなく時価で購入しなければならないため、時価ベースでのリターンを求めるからです。ファイナンスの世界はいつも時価なのです。

計算式に税率が付加されている点については、第6節の資本構成と資本コストの関係にて詳細を説明します。

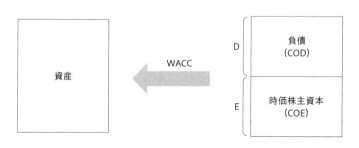

加重平均コスト（WACC）

$$\text{WACC} = \text{COD} \times (1 - 税率) \times \frac{D}{D+E} + \text{COE} \times \frac{E}{D+E}$$

3 資本コストに関する考察

1. 業界別資本コスト

では業界ごとに資本コストを分析してみましょう。

左がWACCの高い業種、右が低い業種の順番に並べています。

WACCの低い業種に注目してみますと、電気・ガス業や食料品など収益が安定的とみられる業種が目立ちます。給与が増えたから1日4食にしたり、

加重平均資本コスト（WACC）

高い業種			低い業種		
業種	ROE	WACC	業種	ROE	WACC
銀行業	7.11	7.11	電気・ガス業	4.93	2.30
情報・通信業	7.40	6.82	陸運業	4.77	3.30
電気機器	8.32	6.76	パルプ・紙	5.15	3.47
医薬品	6.95	6.31	食料品	4.23	3.51
機械	7.59	6.16	水産・農林業	4.81	3.76
保険業	7.24	6.12	その他金融業	7.34	3.81
サービス業	7.13	6.06	石油・石炭製品	6.64	3.93
精密機器	7.50	6.01	倉庫・運輸関連業	5.72	3.99
鉱業	6.87	5.88	不動産業	7.18	4.18
化学	7.04	5.55	繊維製品	6.23	4.22
ゴム製品	7.09	5.53	海運業	7.89	4.29
ガラス・土石製品	7.06	5.46	小売業	5.74	4.43

（出所）2024年1月　ブルータス・コンサルティング　ValueProより

風呂に2回入ったり、給与が減ったから1日1食にしたりお風呂に入らなかったりする人は（中にはいるかもしれませんが）まれかと思います。比喩で使った「給与の変化」は「景気の動向」を意味します。

　要するに景気の動向の影響を受けにくい業種はWACCが低く、景気の影響を受けやすい業種はWACCが高いのです。WACCの高い業種として挙がっている銀行を例にとれば、景気が良くなれば貸し出しが増え業績は良くなり、景気が悪くなれば貸し出しは減り、不良債権も増えるので業績悪化につながります。当然、こんなに単純ではないにしろ、業種によって景気の動向を受けやすいものと、そうでないものがあるのは事実です。ファイナンス理論上は景気の動向による業績への影響は不可避なものと考えられるため、WACCに反映されるのです。

　経営者は景気動向の影響を最小限にすべく、日夜努力するわけで、同じ業種であっても市場が評価するWACCに差はでてきます。その意味では、資本コストについては、経営者は同業者の中で競っているのであって、異業種と競っても意味はないのです。

2. コストはリターンの裏返し

　繰り返しになりますが、企業は資本コストを上回るリターンを出さなければ、企業価値の向上にはつながりなりません。株主や債権者からの資金を預かる限り、資本コストを把握しなければ企業経営はできないといっても過言ではありません。

　また企業の経営者は、さまざまな投資の意思決定をしますが、その際も自社の資本コストをベンチマークに意思決定をしないと経営の判断を見誤ることになります。

　そもそも、資本コストという考え方はあくまで経営者から見た考え方です。投資家から見ればコストではなく期待リターンです。負債コスト（COD）は融資リターン（ROD：Return on Debt）、株主資本コスト（COE）は株式リターン（ROE：Return On Equity）とイコールです。下記の図の通りリターンとコストが表裏一体であり、投資家がその企業に対してどれほどのリターンを期待するか知ることが資本コストを知ることになります。

注意すべきは、ここで使用した ROE は会計上の用語（当期純利益÷純資産）ではなく、（キャピタルゲイン＋配当）÷投資額です。あくまで株式に投資したときのリターンであり、最近は株主総利回り（TSR、Total Shareholder Return）と呼ばれています。

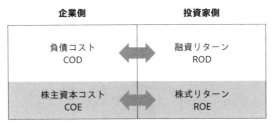

3. 重要な経営指標と資本コストとの関係

　社団法人生命保険協会が行っているアンケートによると、企業経営者と投資家では重視している経営目標や指標に大きな隔たりがあります。2018年度版を見ると、企業が投資家よりも重視している指標に、「利益額・利益の伸び率」「売上高・売上高の伸び率」「売上高利益率」があり、逆に投資家が企業よりも重視している指標が「ROE」「ROIC（純利益÷投下資本）」「総還元性向」となっています。日本の企業は伝統的に、売上利益など損益計算書重視の経営をしていますが、投資家は当然ながら投資資本の収益性を重要視しています。

　2023年の調査でも、2018年とほぼ変化はありませんが、「資本コスト（WACC等）」が、投資家が重視している指標に加えられました。東証が東証開示要請を発表した時期と被ります。

　資本コストに対する ROE の水準に関するアンケート結果も興味深いです。

　2023年でみると、企業側は「ROEが資本コストを上回っている」が52.9%「同水準」16.6%、「下回っている」は28.5%と回答しているのに対し、投資家側は62.7%が「ROEは資本コストを下回っている」と回答しており、

「ROEが資本コストを上回っている」の回答はたった1.2％しかないのです。何よりも2％以上の企業が自身の資本コストを把握していないと回答したのは驚きです（無記名だからこその回答でしょう。記名していたら投資家からとんでもないバッシングを受けたことだと思います……）。

企業と投資家の目線があまりにも乖離していることが、東証開示要請の背景にあるのです。実際、要請の中で、東証は経営指標を資本収益性と市場評価に絞っています。また資本収益性の指標ROE、ROIC等は、その単体の数字で良し悪しを判断できません、必ずWACC、COEなどの資本コストと比較しなければならないのです。

ただ、資本収益性や市場評価の指標は、財務諸表や市場から簡単に入手できますが、資本コストはそうはいきません。目に見えない資本コストをどのように可視化するかが本書のテーマなのです。

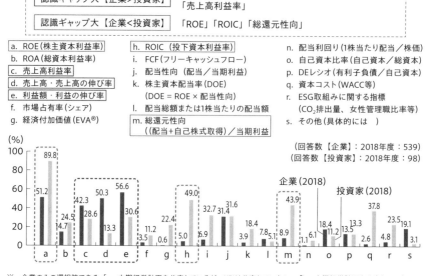

(2018年度調査) 中期経営計画の指標 (企業) ／経営目標として重視すべき指標 (投資家)

※ 企業のみの選択肢である「a. 中期経営計画を公表しているが、KPIは公表していない」「b. 中期経営計画を公表していない」を削除し、残りの選択肢を繰り上げた
※ 投資家の選択肢の順にあわせた
(出所) 一般社団法人生命保険協会調べ

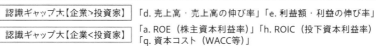

(2023年度調査)中期経営計画の指標(企業)／経営目標として重視すべき指標(投資家)

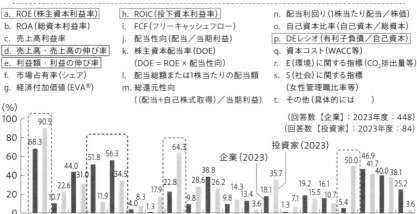

資本コストに対するROE水準の見方(企業・投資家)

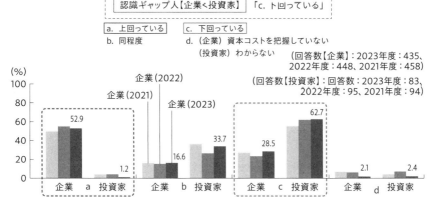

東証が求める現状分析に用いる指標

WACC＝加重平均資本コスト COE＝株主の期待リターン	**資本コスト** Invisible
ROE＝当期純利益÷純資産 ROIC＝当時純利益÷投下資本	**資本収益性**（会計上の数字） Visible
PBR＝株式時価総額÷純資産 PER＝株式時価総額÷当期純利益	**市場評価** Visible

4 PBR＜1倍はなぜいけないのか

1. PBR＜1倍は将来を悲観？

　PBR（株価純資産倍率、Price Book-value Ratio）とは時価総額が純資産（株主資本）の何倍であるかを表す指標であり、株式時価総額÷純資産で得られます。

　純資産は株主に帰属することから、仮に今企業を解散・清算した場合に株主が得られる価値と理論的には等価であり、PBR＝1倍＝解散価値として普及している概念です。

　株価は、企業が解散されることを見越して形成されているわけではなく、将来の業績に対する期待によって形成されているので、PBR＜1倍というのは、市場からは事業を継続するよりも今すぐ解散したほうの価値が高いと見なされている状況と言えます。言い換えれば、今までは良かったけれど、将来性が無いと考えられているということです。

2. 資本コストとPBRの関係

　ここで永久債の現在価値の式を、投資元本を含めた現在価値の式に変形す

ると以下になります。

PV（現在価値）＝ CF / 割引率 ＝ 投資元本 × 投資利回り / 割引率

　分子の投資利回りが分母の割引率を上回らなければ、投資元本よりもキャッシュフローの現在価値は低くなります。投資家がリターンを出すためには、企業経営者は割引率を上回る投資利回りを実現しなければならないのです。

　割引率に対する投資利回りの比率が１を超えると投資元本よりもキャッシュフローの現在価値は高くなり、投資家は利益を実現させることができるのです。このリターンとコストの比率を意識して経営することが、東証が掲げた「資本コスト経営」です。

　コスト以上のリターンを生まないと投資元本は毀損され、投資家は損失を被ります。まさにこれが今問題となっているPBR＜１倍という状態です。投資家が少なくともPBR＞１倍を求める理由はここからも明らかになります。ではPBRを「資本コストとリターンとの関係」という視点で解説しましょう。

　PBRの算定式はPER（株価収益率、Price Earnings Ratio）とROE（自己資本利益率、Return on Equity）に分解されます。

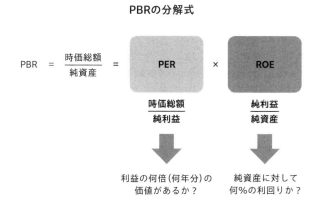

PER（時価総額÷純利益）は倍率であり、その株価が割高か割安かの指標として使われますが、ここでは別の角度でPERを考えます。単純化のために、「負債はなく、株主資本で調達し、純利益はフリーキャッシュフローと同額、非事業用資産はなし、キャッシュフローの成長率はゼロ」と前提を置くと、

企業価値＝株式時価総額
**　　　　＝純利益÷資本コスト（COE）（永久年金の現在価値）**

　純利益を左辺に移行すると

株式時価総額÷純利益＝PER＝1÷資本コスト（COE）

　このようにPERは資本コストの逆数にほかなりません。もしPERが10倍であれば、資本コストは10％、PERが20倍であれば資本コストは5％と見積もられるのです。

　結果として、

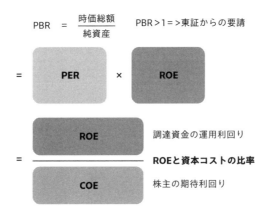

となり、PBRはROEと株主資本コスト（COE）の比率を意味するのです。PBRを改善するには　ROEを上げるか、COEを下げるかしかありません。また、PBR＞1倍は株主資本コスト（＝株主が求める期待リターン）をリターンの結果（＝ROE）が上回ったことを示しており、企業経営者としての目指

すべき最低ラインですが、合格点ではありません。目指す理論 PBR は業種や各社の事業リスクによって異なってきます。東証も PBR ＞ 1 倍だからといって資本コストの開示をしなくていいわけではないと警鐘を鳴らしています。

5 リスクは価格の変動性

1. リスクの定量化

第 1 節では資本コストの算出式

割引率(資本コスト)＝リスクフリーレート(国債の金利)＋リスクプレミアム

において、キャッシュフローのリスクの高さに応じて、リスクプレミアムを付加すると説明しました。

今までリスクという言葉を特に説明せずに使ってきましたが、<u>リスクの定義</u>は**不確実性**です。不確実性とは予想と結果の変動の幅であり、具体的には**変動の標準偏差（株価変動性）**を意味します。

では、実際にリスクを定量化してみましょう。

株式 A と B があるとします。簡略化のために、2 つの企業のキャッシュフロー（リターン）は、好景気、並景気、不景気の 3 つのパターンのしかないと

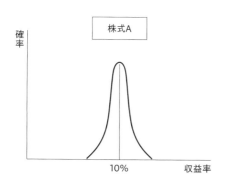
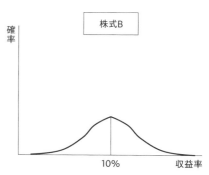

します。投資期間は1年間として1年後のリターンは以下の通りとします。株式A、株式Bも平均リターンは10%ですが、株式Aは平均リターンに比べ±5%の変動、株式Bは±10%の変動があり、当然、株式Bのほうが株式Aに比べリスクが高いと考えられます。

経済状況	起こる確率	株式Aの収益率	株式Bの収益率
好景気	1/3	15%	20%
並の景気	1/3	10%	10%
不景気	1/3	5%	0%

実際に計算すると、以下の通り株式Aの標準偏差（株価変動性）は約4%、株式Bの標準偏差は約8%になります。感覚通り、株式Bのリスクは株式Aの2倍であることが判明します。

標準偏差の算出方法を念のためにおさらいしましょう。各データと平均との差である偏差を計算し、それぞれの偏差を二乗して発生確率をかけたものの和のことを「分散」と言い、この「分散」の平方根が「標準偏差」になります。この標準偏差がリスクを定量化したものです。

株式Aの分散・標準偏差

確率	収益率	収益率×確率	期待収益率	偏差[※1]	分散[※2]	標準偏差[※3]
1/3	15%	5.00	10%	5	8.33	4.08%
1/3	10%	3.33	10%	0	0.00	4.08%
1/3	5%	1.67	10%	− 5	8.33	4.08%

16.67

※1　期待収益率との差
※2　偏差の2乗×確率
※3　分散の合計の平方根

株式Bの分散・標準偏差

確率	収益率	収益率×確率	期待収益率	偏差※1	分散※2	標準偏差※3
1/3	20%	6.66	10%	10	33.33	8.16%
1/3	10%	3.33	10%	0	0.00	8.16%
1/3	0%	0.00	10%	10	33.33	8.16%
					66.67	

※1　期待収益率との差
※2　偏差の2乗×確率
※3　分散の合計の平方根

2. ハイリスクならば、ハイリターンでなければいけない

　では、株式Aと株式Bではどちらが投資対象として優れているでしょうか。

　例えば二人の学生A、Bがいるとして、テストの平均点は両者とも50点としましょう。Aはいつも40点から60点の間、一方でBは気分屋で0点も取るが100点を取るときもあります。この二人はどちらが優れているかと質問されたらどう答えますか。100点を取る可能性のあるBの方が優秀な学生と判断する人もいるかもしれません。

　「株式Aと株式Bについて、リターンが同じならば投資妙味は同じで、後はリスクが高いか低いかは個人の好みの問題だ」と判断することは、一見合理的な考え方に見えます。

　しかし、やはりハイリスク＝ハイリターンでなければならず、同じリターンであればリスクの低い株式が選好されるべきです。

　その理由について説明してみましょう。

　株式への投資について、以下のような**レバレッジ（負債の活用）**を行うとします。

　今手持ちの資金は1,000,000円ですが、銀行から金利2%で1,000,000円借りてきて2,000,000円分の投資額で株式Aを購入します。

53

1年後の結果は、好景気の場合は2,000,000円の15%で300,000円のリターンが確保でき、そこから金利分の20,000円を引き280,000円の最終リターンとなります。よって投資利回りが28%、同じように並景気、不景気の場合を計算すると、それぞれ18%、8%という結果になります。

　この投資をレバレッジ株式Aとしましょう。レバレッジ株式Aと株式Bを比較すると以下のようになり、一見してリスクは同じですが、平均リターンはレバレッジ株式Aが株式Bより8%も高くなります。

　このように、リターンが高いレバレッジ株式Aと株式Bのリスクは同じなので、リターンの高いレバレッジ株式Aの方が株式Bよりも投資妙味として優れていることがわかります。結果として、レバレッジ株式Aは株式Aの変形バージョンなので、株式Aの方が株式Bよりも投資家に選好されることになります。

　このようにレバレッジ（借り入れ）を利用すれば、期待リターンを高くする

経済状況	起こる確率	株式Bの収益率	レバレッジ株式Aの収益率
好景気	1/3	20%	28%
並の景気	1/3	10%	18%
不景気	1/3	0%	8%

レバレッジ株式Aの分散・標準偏差

確率	収益率	収益率×確率	期待収益率	偏差[1]	分散[2]	標準偏差[3]
1/3	28%	6.66	18%	10	33.33	8.16%
1/3	18%	3.33	18%	0	0.00	8.16%
1/3	8%	0.00	18%	−10	33.33	8.16%

[1]　期待収益率との差
[2]　偏差の2乗×確率
[3]　分散の合計の平方根

ことができるが当然リスクも高くなり、そのリターンとリスクの関係は、下記の図のように一次関数の線上にきれいに並ぶことになるのです。

　理論的には株式A、Bだけではなく、すべての株式はこの一次関数線上に並びます。

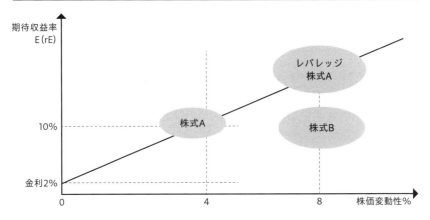

　市場において株式A、Bの価格はどのようになるでしょうか。
　仮に両者が同じ価格であっても、株式Bの投資妙味は劣るので株式Aに比べて、当然株価も下がります。株価が下がれば、結果として期待リターンが高くなるので、上記の一次関数線上に並ぶことになります。あくまで理論上の話ではありますが。

3. 株価変動モデル

　では、一般的な株価の変動モデルと株価変動性について説明します。上記の例では3つのパターンに簡略化しましたが、株価は連続的に経路依存的に動くと考えられています。

経路依存的とは、平時は今日100円だった株価がいきなり明日300円から始まることはないと仮定しています。例えば、下記は株価の経路を簡単にシミュレーションしたもので、100円から始まり次の日は±1円の動きをする（2日目であれば101円か99円になる）という単純なモデルを想定しています。

下段にいくにつれて時間が経過していることになります。

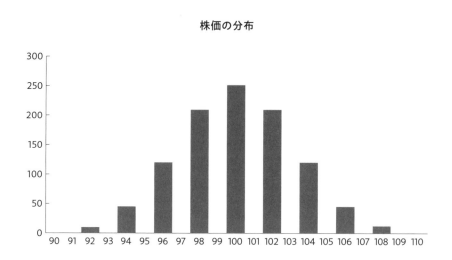

株価の分布

10日後の株価の分布を見ると、このような正規分布に近い形になっています。今日100円であれば、10日後も100円になっている確率が一番高く、100円を中心にその確率はなだらかに低減していきます。

　正規分布であるので、この株価の平均と標準偏差を求めることができますが、標準偏差＝1日の動き×時間の平方根で出すことができます。例えば2日後の株の変動性の標準偏差は1円×$\sqrt{2}$であり10日後の標準偏差は1円×$\sqrt{10}$です。一般的に株価の変動性の指標は、1年間の株の動きの標準偏差をベンチマークとし、それを**ボラティリティ**といいます。例えばTOPIXのボラティリティは約20％であり、価格が正規分布に従うならば、その数字から読み取れるのは1年後のTOPIXは現時点の価格から±20％の幅（±1標準偏差）に約68％の確率で収まることが統計学的にいえます。

　一般的に変化の指標は円ではなく変化率です。なぜならば、±1円で動くという前提であると、将来、株価は0未満になるという不合理な結果が出てくるからです。ここでは説明を簡単にするために円の変化で考えました。また期待値はゼロと前提を置いています。

　実際の株価の軌跡をシミュレーションすると以下の通りとなります。3つの例を挙げましたが、上から「期待リターン10％　ボラティリティ20％」「期待リターン20％　ボラティリティ40％」「期待リターン10％　ボラティリティ40％」です。

　上から、ローリスク・ローリターン、ハイリスク・ハイリターン、ハイリスク・ローリターンといえます。上2つのうちどちらかを選ぶかは投資家の選好の問題ですが、間違っても最後の株式を購入してはいけません。

期待リターン10%　ボラティリティ20%

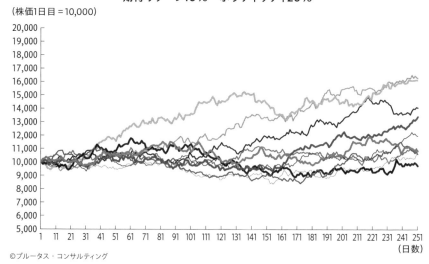

©ブルータス・コンサルティング

期待リターン20%　ボラティリティ40%

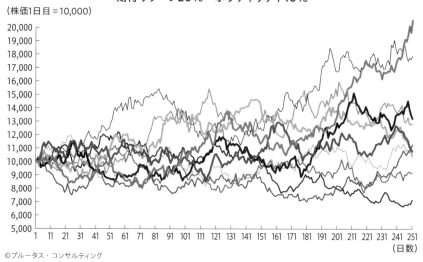

©ブルータス・コンサルティング

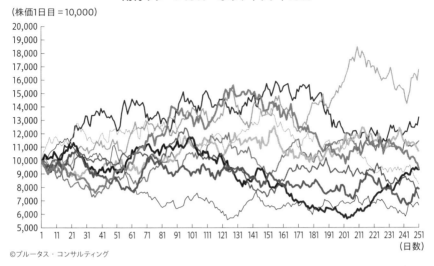

6 資本構成と資本コストの関係

1. 負債利用で資本コストは下がるか

　加重平均資本コストに戻りましょう。税率がゼロの時WACCの算出は以下となります。

WACC＝負債コスト×負債/(負債＋株式時価総額)
　　　＋株式資本コスト×株式時価総額/(負債＋株式時価総額)

　負債資本コストが2％、株主資本コストが10％とすると、負債がゼロのときはWACC＝10％、一方、負債比率が50％のときはWACC＝6％と計算されます。フリーキャッシュフローが一緒であれば、企業価値は負債を使ったほうが1.6倍（10％÷6％）高くなります。となると、負債を使うと企業価値が上がり、その分株価も高くなるということになるのですが、本当でしょ

うか。よく考えてみましょう。企業価値が1.6倍になると株式時価総額が上昇しますので負債比率が下がります。するとWACCは上昇して企業価値は下がり、株式時価総額も下がり、永遠にループして答えはでてきません。この矛盾をどう処理したらよいのでしょうか。

2. 資本コストは一定でなければならない

第5節2.のレバレッジ株式Aに話を戻します。この投資を別の側面で考えてみましょう。

あなたが株式会社Cを作り資本金を100万円出資し100万円を銀行から借りてきて、すべての資金で株式Aを購入すると、投資対象は株式Aですがあなたの立場は株式会社Cの株主です。

株式会社Cの資金の出し手は銀行とあなた自身で100万円ずつです。銀行（負債）の期待利回りは2%、あなた（株主）の期待利回りは18%なので、加重平均すると期待利回り（＝資本コスト）はやはり変わらず10%となります。これは当然株式Aの期待利回りと等しくなります。

要するに先ほどの加重平均コストの計算式での誤りは、株主資本コストを一定の10%と見積もっていた点です。

前述の通り、株主資本コストは負債の利用で大きく変化します。ただし、どのように負債を使っても加重平均コストは（節税効果がない限り）一定なのです。ファイナンス関係の書物には、「負債の利用でWACCが下がった……」との記述が見つかることがありますが、これは専門家といわれる人の中でも散見されるWACCに関する誤解です。

WACCが一定である点を、直感的にわかるよう説明してみましょう。

あなたは投資用賃貸マンションを購入しようとしています。2つの全く同じ間取りで賃料も同じマンションがありました。ただ一方の売主はそのマンションを全額キャッシュで購入しており、もう一方の売主は銀行ローンを借りたままです。あなたはどちらのマンションの価値が高いと思いますか。考える必要もなく、「両方の価値は同じ」と判断できると思います。マンションの価値は資金調達の仕方（負債の有無、資本構成）には全く影響を受けません。これは企業価値にも当てはまります。資本コストはバランスシートの右側が

60　第2章　資本コストとは何か

決めるのではなく、バランスシートの左側の資産が生み出すキャッシュフローのリスクによって決定されるのです。

3. 負債により変化するのは株主資本コスト

負債の利用により変化するのはWACCではなく、株式資本コスト（COE）です。

負債コストと株主資本コストに差がある限り、レバレッジをかければかけるほどCOEは上昇します。負債を使った際の株主資本コストをレバードCOE（leverd COE）、株主資本100%のときをアンレバードCOE（Unlevered COE）とすると以下になります。

レバードCOE＝アンレバードCOE＋（アンレバードCOE－COD）×負債／株主資本

この式に当てはめると、株式C（＝レバレッジ株式Aの期待利回り）＝10%＋（10%－2%）×D/Eになります。この式で重要なのはD＋E＝1なので、

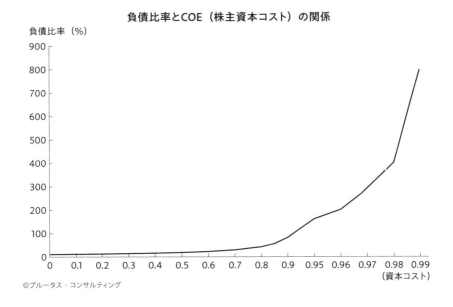

負債比率とCOE（株主資本コスト）の関係

©ブルータス・コンサルティング

負債（D）を増やせば株主資本（E）が減るということです。Dが0.5のとき株主資本コスト（＝レバレッジ株式Aの期待利回り）は18％、Dが0.8なら42％と等比級数的に上昇します。

理論的には負債比率を極限まで上げれば、COEは無限大になります。COEはROEと表裏の関係なので、負債比率を上げればROEは簡単に上がります。伊藤レポート以来「日本企業のROEは他の先進国に比べ低い、ROE8％を目指すべき」といった風潮がありますが、このように、ROEは資本構成でいかようにも変えられるのです。前述のとおりPBR＞1倍には根拠がありますが、ROE＞8％には何らファイナンス理論上の根拠はありません。経営指標を検討する際は、この点を考慮すべきです。

4. 1つのパイの分配の仕方　—負債による節税効果とは何か—

$$\text{WACC} = \text{COD} \times (1 - 税率) \times \frac{D}{D+E} + \text{COE} \times \frac{E}{D+E}$$

では、再度WACCの計算式を見てみましょう。加重平均については解説しましたが、負債コストに「1－税率」が乗じられており、その意味について説明します。まずは、負債を使っている場合、税率分だけCODが低下します。CODが低下するということはWACCが低下し、分子のフリーキャッシュフローが不変であれば、企業価値が上がります。ということは、負債を活用すると企業価値が上がるということになりますが、それは正しいのでしょうか。直感的には信じがたいですが、負債を使うと節税効果が発生し、企業価値が上昇します。

フリーキャッシュフロー（FCF）はそれぞれいくらになるか？

企業が生み出すキャッシュフローは誰に帰属するものかというと、思い浮かぶのは株主と債権者ですが、実は国（税金）も入っているのです。

　ある企業の税引き前利益が30億円、法人税率が40％として、この企業の資本構成は株主資本だけだとすると、フリーキャッシュフローは簡便法で計算すれば30億円×（1－40％）＝18億円となります。

　一方、もしこの企業が負債を利用して、金利の支払いに10億円が発生したら、フリーキャッシュフローはどうなるでしょうか。

（30億円－10億円）×（1－40％）＝12億円

　と計算しそうですが、正確には12億円は株主へのキャッシュフローです。フリーキャッシュフローは企業が生み出すキャッシュフローのうち、株主と債権者に帰属する部分を意味しますので、12億円＋10億円＝22億円となります。

　結果として、株主資本100％のときに比べ、負債を利用したほうがフリーキャッシュフローは増加し企業価値は向上するのです。増加分4億円は支払利息の税率部分に相当します。

　税金は利息支払い後の利益にかかるので、このような節税効果が発生するのです。

63

第 **3** 章

資本コストは
どのように決まるか

COST OF CAPITAL

MANAGEMENT

第2章で説明したように、東証が求める重要な経営指標の中で唯一「目に見えない指標」が資本コストです。本書のメインテーマである資本コストは、具体的にはどのように求められるのでしょうか。3つの資本コストのうち、一番算出が困難なものは株主資本コストです。負債コストは金利と調達額から簡単に把握できますし、加重平均資本コストも株主資本コスト以外の変数は容易に入手できます。算出困難な株主資本コストにつき、本章ではCAPM理論を中心に解説していきます。

1 CAPM理論

1. CAPM理論とはなにか

そもそも、資本コストはどのように求めるべきでしょうか、これまで説明してきたファイナンス理論に基づいた考え方では、いろんなアプローチが考えられます。例えば毎年の決算の中身を分析し、キャッシュフローのリスクに注目し、その毎年のばらつきである標準偏差から考えるのも1つのやり方です。理論的には正しいですが、社歴の短い会社ではデータが少ないし、そもそも投資家の期待リターンを反映することはできません。

これらの問題を解決した手法がCAPM理論であり、現時点では、株主資本コストの算出において一番確立されたモデルです。

資本資産価格モデル（CAPM：Capital Asset Pricing Model） とは、1960年代にウィリアム・シャープらにより発表され、金融経済学において最も基本的な資産価格モデルの1つであり、金融実務や個人投資の手法等に広く浸透しています。ウィリアム・シャープはCAPMの導出も含めた資産価格理論研究への貢献により、1990年のノーベル経済学賞を受賞しています。CAPM理論は、資本コストを算出する上でほとんどの実務家が採用している手法であり、必ず知っておかなければならないものといって過言ではありません。

66　第3章　資本コストはどのように決まるか

2. マーケットポートフォリオ

　資本コストを求めるうえで、1つ重要な指標があります。それはマーケットポートフォリオです。当該市場にあるすべての銘柄を、各銘柄の時価総額の構成比率に合わせて投資したポートフォリオのことです。日本の場合、具体的にはTOPIXなどが代替的に使われます。このマーケットポートフォリオがまずは資本コストを出す上での代表的な指標となるのです。

　マーケットポートフォリオは、資本市場全体を表す上でとても適した指標であり、かつ歴史も長く、データとしても安定しています。そこでこのマーケットポートフォリオに投資した投資家は一体どれほどのリターンを期待していたのか検証してみましょう。

　下図は1950年代にマーケットポートフォリオと日本の国債に投資したら、2025年現在いくらになったかを示したグラフです。

　当然、リスクの高いマーケットポートフォリオに投資したほうが結果としてのリターンも高くなっていますが、マーケットポートフォリオのリスクは、国債に比べてかなり高くなります。1989年のバブル崩壊や2000年のITバブル崩壊などの大きな節目では、投資した人が多大な損失を被っています。

　結果としては長い年月で見ると、マーケットポートフォリオは国債に比べ

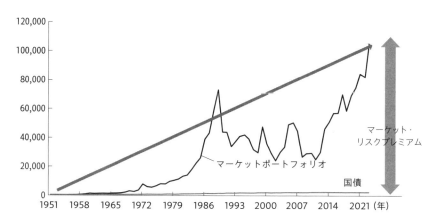

マーケット・ポートフォリオと国債の運用結果

て高いリターンが実現したのですが、投資家はリスクを代償にそのリターンを手に入れたと考えてよいでしょう。ではリスクの見返りに、国債に比べて一体どれほどの追加リターンが出ていたかというと、過去のデータから7%前後と算出されます。ということは、マーケットポートフォリオに投資した投資家は国債に比べて7%前後高い追加リターンを期待していたと考えるのも合理的かと思われます。この追加リターンを**マーケットリスクプレミアム**と定義します。

3. β という背番号の意味

では個別株式のリスクプレミアムも同じように算定できるでしょうか。マーケットポートフォリオと同様に、過去の株価の動きと国債の値動きから個別株式の超過リターンを導くことは理論的には考えられますが、現実的には困難です。

なぜかと言えば、会社の社歴が短い場合や、上場時の市場環境等によって大きく誤差が出てくるリスクがあるからです。例えばマーケット全体が非常に安定しているときに上場した会社は、株価の動きも同様に安定するため、リスクプレミアムも低くなりがちです。逆に言うとマーケットが混乱しているときに上場した会社の株価は、実際のリスク以上に大きく動いており、資本コストが高く出てしまうことがあります。

そのいずれも解決したのがCAPM理論です。CAPM理論は、その個別株式自体の動きではなく、個別株式とマーケットポートフォリオの変動の関係性に着目したのです。

具体的に言えば、マーケットポートフォリオが1%上昇したら、個別株式は何%上がるか、逆にマーケットポートフォリオが1%下がったときに、何%下落するかに注目したのです。この指標が**β（ベータ）**です。

例として、アシックスと大阪ガスの株価の動きをTOPIXと比較したグラフを見ましょう。それぞれの株式はTOPIXと相関関係があることがわかります。多少の誤差はあるものの、アシックスはTOPIXが1%上がった日には、かなりの確率で1.3%上がり、その逆も真です。それに比べて、大阪ガスはTOPIXが1%上がっても0.7%しか上がらず、その逆も正しいです。とな

68　　第3章　資本コストはどのように決まるか

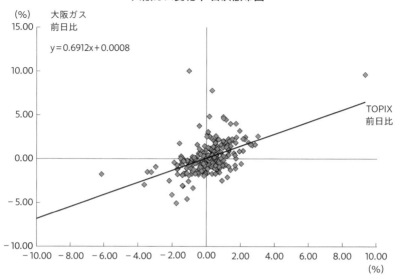

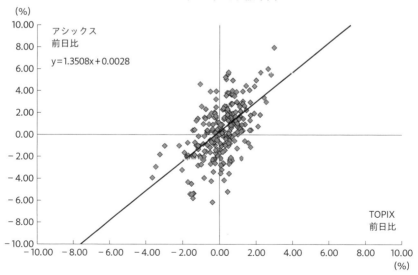

ると、アシックスはTOPIXの1.3倍のリスクプレミアムと言えるし、大阪ガスの場合はTOPIXに比べてそのリスクは7割程度しかないと判断しても良いと考えられます。

4. 株主資本コストの算出方法

　βが個別株式に割り振られたリスクの指標とすると、βを横軸、縦軸を企業の株主資本コストとした関係図は、一次関数線上にすべての銘柄が並ぶという画期的な考えを示したのが、CAPM理論です。

　第2章第5節2.では、横軸を株価変動性、縦軸を期待利回り（COE）とすると、株式Aと負債を使ったレバレッジ株式Aが直線上に並ぶという考え方を説明しましたが、それを発展させたのがこのCAPM理論であり、リスクの指標を、株価変動性からβに変換させたものなのです。

　βはその企業のリスクを反映したものなので、事業内容や資本構成が大きく変わらない限りは、理論的には変わりません。その意味ではその企業ごとに振られた背番号のようなものです。ただし、背番号である限り絶対不変と

株式の期待収益率（rE）は株価変動性との一次関数

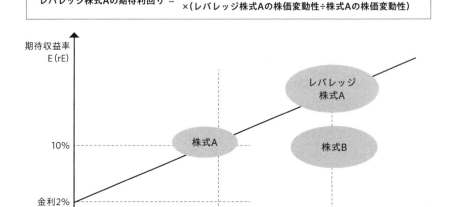

©ブルータス・コンサルティング

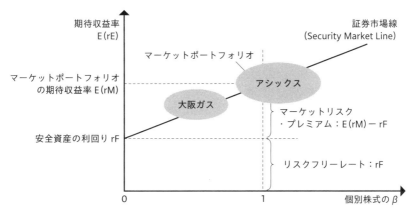

は言えません。球団を移籍したりすると背番号が変わるように、時価総額が上がり市場が変更されたり、事業内容を変えたりすると β も変わることになります。

　リスクフリーレートが1％、マーケットリスクプレミアムが7％と前提を置くと、前述のアシックスの場合、COE ＝ 1％＋ 7％× 1.35 ＝ 10.45％、大阪ガスの COE は5.9％と見積もられます。

2　CAPM理論は万能ではない

　第1節で説明した通り、CAPM 理論は理論的に確立（ノーベル経済学賞の受賞対象となったぐらいです）し、実務でも一番利用されている手法であることは疑うべくもありません。かつ、シンプルな一次関数で求められるわけなので、それほど深い知識がなくても誰でも使える手法に見えます。しかし、それほ

ど物事は簡単ではありません（もし簡単であれば本書の存在意義がなくなります）。実際に CAPM を使う上ではさまざまな課題があります。これらを理解しないと自社に適切な資本コストの算出はできないと断言しても言い過ぎではありません。

1. CAPM に 1 つの解はない

さて、次の算数の問題を解いてみてください。

> 問：　文房具を買いに行きました、筆箱は 500 円、鉛筆は一本 100 円です。筆箱 1 つと鉛筆 10 本買うといったいいくらになりますか？

　解答するまでもないですが、念のため、答えは 1,500 円です。ここで、なぜこのような問いをしてくるのか、筆者の正気を疑う方がいても不思議ではありません。優秀な幼稚園生でも即答できる問題です。

　CAPM 理論における資本コストの算出も、この問題と全く原理は変わりません。無リスク金利が筆箱の値段、鉛筆の 1 本の値段がリスクプレミアム、β が鉛筆の本数です。CAPM は $y = ax + b$ という一次関数なので非常にシンプルですが、式がシンプルなことと正しい数値を算出することが簡単であることはイコールではありません。

　先ほどの問いですが、もし筆箱の値段と鉛筆の値段が与えられていなかったら、簡単に答えを出すことは困難です。CAPM においても一次関数の定数及び変数であるマーケット・リスクプレミアムや β を見積もるのは実はとても難しいのです。マーケット・リスクプレミアムも過去のデータをいつからとるかでその結果は大きく異なってきます。1950 年の戦後の復興時の株価は大きく上昇したので、1952 年からデータをとるとマーケット・リスクプレミアムは 9％以上となりますが、1959 年からにすると 7％を切ります。そもそも 1950 年代からだと母集団となる企業のデータ数が限られるので、少し対象期間を変えただけでこのように大きく変わってくるのです。マーケット・リスクプレミアムの見積もりだけでも、なかなか一筋縄ではいきません。

72　　第3章　資本コストはどのように決まるか

2. βは一定ではない

　マーケット・リスクプレミアム以上に見積もりが難しいものがβです。βはめったに変わるものではないという意味で背番号と説明しました。しかし、実際はそうでもないのです。図は日本の代表的な企業3社のここ10年間のβの推移を示したものです。三菱UFJフィナンシャル・グループのβは比較的安定的に推移していますが、それでも10年間に上下0.35の幅で変化しています。ソフトバンクグループは1.05から1.56と0.5も上昇しており、50%上昇したことになります。リクルートホールディングスに至っては、0.6のβが1.5と上昇し、2.5倍になっています。仮にマーケット・リスクプレミアムを7%、リスクフリーレートを1%とすると、CAPMで算出される株主資本コストはリクルートホールディングスにおいては5.2%から11.5%と大きく変化しています。この3社は時価総額で日本のTOP10に入る企業であり、流

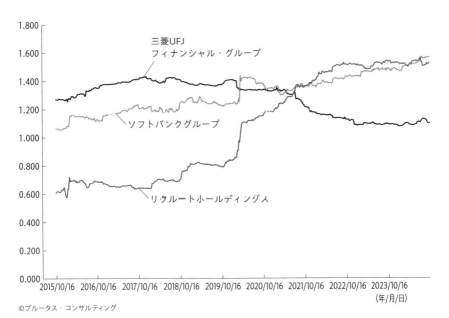

β値の推移の比較

©ブルータス・コンサルティング

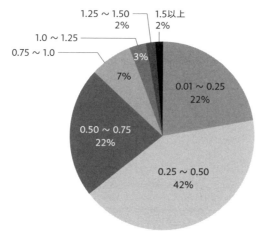

©ブルータス・コンサルティング

通時価総額も十分に大きいので、市場のノイズやゆがみが少ないと考えられます。この規模になると事業の内容は複雑なので、ここ10年で収益構造が大きく変化したといえるかもしれません。それにしても、ここまでβが変化すると、機械的にCAPMを使うわけにはいかなくなります。企業のリスクを反映したβはいつのものなのか、またβ算出の対象とする期間を過去1年でとるのか、3年か5年かでもβの値は大きく変化してしまうのです。βの算出式は決まっていますが、<u>自社のリスクを適切に反映したβの算出は、文房具の値段の問題のようにはいかないことを十分に認識すべきです</u>。ただ、<u>上場企業の中には機械的に資本コストを出している会社も存在するのが実情です</u>。

上場企業全体を見渡しても、8割近い企業のβが0.25以上変化しており、3分の1近い企業のβは0.5以上変化しています。1.0以上の大きな変化をしている企業も7%近く存在しています。自社のβが一定だと思い込んでいては正確な資本コストは算出できません。

3. リスクが高くても資本コストが低くなる

株価の動きが安定的で、株価変動性(ボラティリティ)が低い企業のβは、

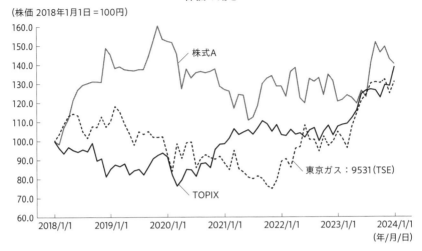

一般的には低くなりますが例外もあります。資本コストが最も低い業界としては電気、ガス業界があります。業界別WACCで見ると平均2.3%と、社債の金利に近いほど低くなっています。株価変動性も非常に低く、安定した動きをしています。そこで業界の代表として東京ガスとある実在の企業A社の株価の動きとTOPIXを比較しましょう。比較可能なようにすべて100円でスタートしている前提に調整しています。

株式Aは160円まで上昇し、3つの中では一番値幅が大きく、次にTOPIX、東京ガスの順番となります。感覚的にはA社のβのほうが東京ガスのβより高くなると予想すると思いますが、実際は以下の通りです。

東京ガス	β 0.505	COE 4.5%
A社	β 0	COE 1.0%

東京ガスのβは予想通り0.5と低いのですが、A社のβはほぼゼロとなり、

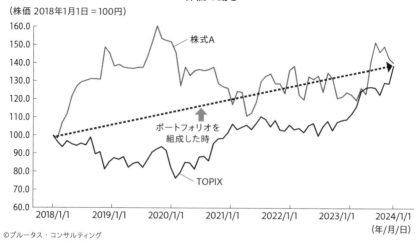

©ブルータス・コンサルティング

　CAPMの算出式で導いた株主資本コストはリスクフリーレート1.0%と同じになってしまいます。
　なぜこのような結果になるのでしょう。東京ガスの株価チャートを削除し、TOPIXとA社に同時に投資したときのポートフォリオの値動きを作るとその理由が見えてきます。
　点線がポートフォリオの値動きです。若干デフォルメしていますが、これを見るとほとんど変動せず右肩上がりに上昇しています。簡単に言えば、リスクなくリターンが実現していることになります。βの算出には株価変動性の大きさだけではなく、マーケットポートフォリオ（TOPIX）との相関性も考慮されているのです。相関性は言い換えれば相性の良さです。TOPIXと同じ動きをする銘柄は相性が良く、全く別の動きをする銘柄は相関性が低く、無関係に動くものは相関性が中立といえます。相関性は相関係数ρで表され、$-1<\rho<1$の間で決まります。相性が悪い銘柄とのポートフォリオを作ることで、リターンは変わらずリスクを抑えることが可能になります。ほとんどの企業の相関係数は正の値をとるのですが、まれに負の値をとる銘柄も存在しています。それらはCAPMの算出式を使うと株主資本コストがマイナスという非現実的な結果となります。CAPMの算出式をうのみにする

76　第3章　資本コストはどのように決まるか

市場リスクの指標： β （ベータ）

β（ベータ）＝（個別株式のボラティリティ÷マーケット・ポートフォリオのボラティリティ）
× 相関係数

ボラティリティの大きさだけではなく、
マーケット・ポートフォリオとの相関がベータを決定する

相関がなければβはゼロ

と、株価の変動性がそれなりにあるＡ社の株主資本コストが国債の金利と同じという答えを出すことになります。投資家を納得させるのは至難の業でしょう。

4. 財務レバレッジは資本コストを歪める

前述したように、財務レバレッジ（負債の利用）をかければ株主資本のリスクもリターンも上がります。したがって、負債比率を上げると株主資本コストが上昇し、CAPMの算出式ではβが上昇することになります。株主資本100％のときのβをアンレバードβ、負債を利用したときのβをレバードβといい、実際市場で観察されるβは後者のレバードβです。理論的には、同じ企業でも負債比率を高くするとβが上昇することになります。

βの上昇は株価変動性の上昇と密接な関係があるので、負債比率を上げれば株価変動性も上がることになります。その企業の事業リスクを反映しているのはアンレバードβですので、他社との比較などではレバードβをアンレバードβに調整するのが一般的です。

しかし、いつも市場がすべてを合理的に判断して動いているとは限りません。下記グラフは野村ホールディングスといちよし証券の株価の動きです。2社は同じ証券業なので、事業のリスク＝加重平均コストは大きく変わらないと判断してもよいでしょう（厳密に言えば売り上げ規模や提供するサービスの内容が異なるので全く同じ事業リスクとは言えませんが）。実際にマーケットにおける両社の動きは非常に似ており、アンレバードβは野村ホールディングスの

77

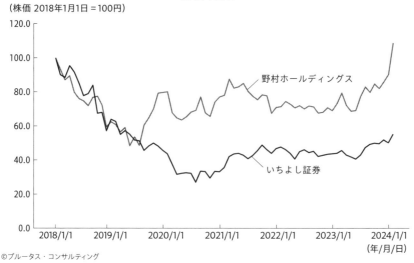

株価の動き

©ブルータス・コンサルティング

1.115に対しいちよし証券は1.133、そのβを使った株主資本コストはそれぞれ、7.92%と8.05%とほぼ同値です。

　ただし、両社の財務レバレッジは大きく異なります。野村ホールディングスは負債を活用しており自己資本比率は14%、対して、いちよし証券の自己資本比率は88%と高く、ほとんど負債を使っていません。前述の通り、企業本来の事業リスクを反映しているアンレバードβに調整すると、野村ホールディングスは0.16、いちよし証券は1.002となり、6.2倍も違います。財務レ

証券コード	企業名	Levered	Unlevered	E/(E+D)	レバードCOE	アンレバードCOE
8601	大和証券グループ本社	0.958	0.217	22.62%	6.80%	1.54%
8604	野村ホールディングス	1.115	0.160	14.35%	7.92%	1.14%
8622	水戸証券	1.229	1.049	85.38%	8.72%	7.45%
8624	いちよし証券	1.133	1.002	88.45%	8.05%	7.12%

©ブルータス・コンサルティング

バレッジの比率がそのままアンレバードβに影響するからです。

　結果として算出される株主資本100％時の株主資本コストは、いちよし証券の7.12％に対し、野村ホールディングスは1.14％となり、国債の金利に近いものになってしまいます。

　このように、財務レバレッジがそのまま株価変動性およびβに反映されるとは限りませんし、金融業など業種によってはWACC自体が適用されにくいものもあるのが現状です。

5. 完全市場には程遠い

　ある上場株式B社の株価の推移を見てみましょう。TOPIXに比べても値動きが小さく、非常に安定した動きをしており、βは0.2しかありません、株主資本コストは2.4％と見積もられます。電気、ガス業界のように、毎年安定した収益を上げているのだろうと想像できます。

　しかしB社の資本収益性を見ると、想像は裏切られます。ROEは1.5％から4.5％と3倍の振れ幅があり、他の指標も安定しているとはいえません。

　なぜこのような現象が起こっているのでしょうか、それはB社のマーケッ

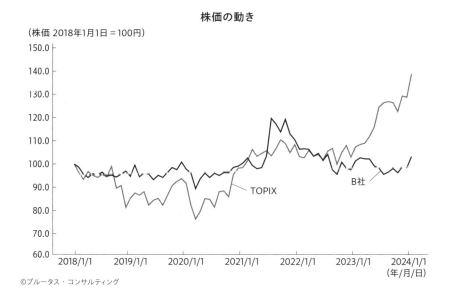

株価の動き

©ブルータス・コンサルティング

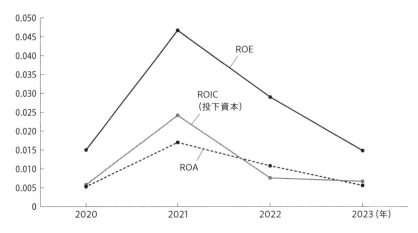

B社の効率性指標

©ブルータス・コンサルティング

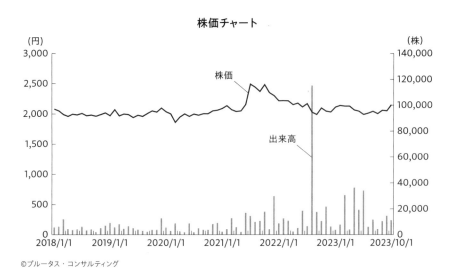

株価チャート

©ブルータス・コンサルティング

トでの出来高を見るとわかります。B社の1日の平均出来高は450株（約900,000円）で、ほとんど取引されていなかったのです。理由はさまざまですが、時価総額や流通株式比率の低さなどが原因であるケースが多いです。

80　第3章　資本コストはどのように決まるか

ファイナンス理論の世界では**完全市場**（Perfect Capital Market）という概念があります。完全市場とは市場の摩擦的要因が存在せず、競争的市場の条件を満たす市場を意味します。わかりやすく言えば、税金や取引手数料などの取引費用がなく、証券の売り手と買い手が多数存在し、個々の売買が証券価格に影響を与えることのない市場のことです。CAPMを採用する上で、完全市場もしくはそれに近い市場か否かは重要な判断基準になります。

B社についていえば、取引がほとんどされていないので値動きが鈍く、結果としてCAPMにおける株主資本コストが低く出てしまうのです。このように完全市場に程遠い銘柄の値動きを参照したCAPMの結果は、真のリスクを反映しないことに留意しなければなりません。

6. CAPMをうのみにするのは危険

このようにCAPMの考え方は正しいですが、使用方法には十分留意しなければなりません。CAPMを使う上で留意すべき点を求めてみましょう。

▶ TOPIXとの相関性に異常値がないか

▶ビジネスモデルが長期にわたり一定であるか

▶健全な株価形成が担保される十分な流動性があるか

▶思惑的や仕手的な動きがなかったか

専門的に分析すると他にもいろいろチェック項目はあるのですが、以上の点は少なくとも押さえておきたいものです。

そもそもリスクの根源は、キャッシュフローの変動性と説明しました。将来キャッシュフローの変動性（リスクの根源）に関する情報が何らかの形で入手できたのならば、正しい資本コストを把握することは難しくないでしょう。現実には、それらを事前に把握することができないので、代替的に過去の株価の動きに内包されているリスク指標（要するにβのこと）を参照して、資本コストを導く手法がCAPMなのです。

CAPMが過去の株価の動きのみを変数としている限り、過去の株価の動きが完全でなければなりません。「完全」という意味に、効率的市場であることも含まれます。

効率的市場とは、文字通り「市場が効率的である」ことを意味し、具体的

には以下の仮説が成り立っているという前提に立っています。
▶常に多数の投資家が収益性・安全性を分析・評価している
▶新しいニュースは常に他のニュースと独立してランダムに市場に届く
▶株価は新しいニュースによって即座に調整される
▶株価は常にすべての情報を正確かつ完全に反映している

これらを市場が満たしているという前提を効率的市場仮説といいます。先ほどのケースでいえば、財務レバレッジがリアルタイムに相場に反映される

■ 1÷PER
 = 時価総額から逆算される株主資本コスト
 市場が間違っている可能性がある

■ 自社ベータ利用のCAPM
 = 自社の株価変動から計算される株主資本コスト
 個社別βの信頼性には限界がある

**必ずしも一致しない！
どちらも理論的な資本コストである保証もない**

**資本コストを導くにはCAPM理論は必要
ただし個社別βの信頼性には限界がある**

- データの信用性の検証
- 類似企業の分析
- 参照データの範囲の検討
- 事業ごとの資本コストが必要
- 過去の資本コストの推移　etc.

多角的な分析が必要となる

82　第3章　資本コストはどのように決まるか

か否かですが、数値で示した通り、実際のマーケットが効率的市場仮説を満たしているとは正直考えにくいです。配当がでたり、株主優待をやめたりなどで一喜一憂して株価が動くのが現実です。

では完全市場に近い銘柄はないのかといえば、そうでもありません。CAPM理論に従えば国債のβはゼロでなければいけません。国債の動きはTOPIXの動きとは無相関と考えられるからです。実際に日本国債（JGB）のβを過去10年間で計算したら−0.03とほぼ理論値に近い値が出ました。国債は1日4兆円ほど取引され、金利の動向のみが変動要因という完全市場に近いものだからです。

以上からわかるように、CAPMを機械的に使うのは非常に危険です。ここでいう機械的とは自社の状況や株式の状況（出来高やリスクについて市場への提供される情報量や質）を鑑みずに、定形化した方式（過去の株価変動の異常性などのチェックをしないこと）を意味します。

CAPMは便利なツールですが、うのみにすべきではなく、自社に合った算出方法を模索して活用すべきなのです。要するに、いつも「市場は間違っている可能性がある」ことを念頭に資本コストについて向き合わなければならないのです。

3 CAPM理論以外の資本コスト算出方法は

ここまで、CAPM理論に基づく資本コストがどのように決まるか、そしてそれは果たして万能なのかという点を述べてきました。改めて言いますが、資本コストとは「投資家の期待収益率」であるという観点から、必ずしもCAPM理論に基づいて算出すれば良いというものではありません。重要なのは、投資家の認識と一致しているか、対話でその違いを解消できるかです。では、そもそも投資家との目線に乖離が生じているかどうかを検証するには、どのような視点で資本コストを見ていく必要があるのでしょうか。

時には、投資家との直接的な面談を通じて、自社の資本コストについてヒアリングするのも良いでしょう。ただ、面談の場において初めて目線に乖離

83

があるということに気づくよりも、事前にある程度目線の乖離を想定しておくことで投資家との対話もスムーズに進みます。

以下で紹介するような、CAPM理論以外の方法で導かれる資本コストも踏まえ、開示や投資家との対話をする前に、認識のズレの可能性がないかを確かめておくことが重要です。

1. エクイティ・スプレッドモデルによる検証

まずは、エクイティ・スプレッドモデルによる検証方法について確認していきたいと思います。

そもそも「エクイティ・スプレッド」とは、ROEと株主資本コストとの差のことを指し、株主の期待収益率と実績リターンの差を意味します。エクイティ・スプレッドモデルでは、企業の時価総額は株主資本（簿価）に、将来毎期生じるであろうエクイティ・スプレッド分の現在価値（市場付加価値）が加算されたものと表現されます。

$$時価総額 = 株主資本 + \frac{株主資本 \times エクイティ・スプレッド（ROE - 株主資本コスト）}{株主資本コスト - 永久成長率}$$

この式から株主資本コストを切り出すと以下のように式展開ができます。この式の示すところとして、第1項は分子を展開することで純利益／時価総額となり、株式益回りを示します。仮に業界が成熟しており永久成長率を0％と仮定すると、株主資本コスト＝株式益回りになりますので、一義的にはCAPM理論に基づく資本コストと株式益回りで比較することができます。その前提において、例えばCAPMによる資本コストが6％、株式益回りが8％であったとすると、投資家の目線との乖離が生じている可能性が出てくるわけです。

ただ、あくまで成長率を0％と仮定した場合の比較ですので、マイナス成長が織り込まれている場合は、CAPMによる資本コストが説明できることもあります。つまり大事なのは、投資家がどのような視点で資本コストを見ているのか、ということを事前に企業として多面的に想定をし、分析をした上で投資家との対話に臨むことです。

84 第3章 資本コストはどのように決まるか

$$\text{株主資本コスト} = \frac{\text{株主資本} \times \text{ROE}}{\text{時価総額}} + \frac{(\text{時価総額} - \text{株主資本}) \times \text{永久成長率}}{\text{時価総額}}$$

なお、エクイティ・スプレッドモデルの式を、PBR を切り出す形で、以下のように式展開することもできます。エクイティ・スプレッドが正の値であるならば、PBR も 1 倍を超えるということです。ROE は資本効率を表す代表的な指標ですが、経営の結果を表しているに過ぎません。ポイントはこの式が表すように、資本コストを上回るリターンを上げているか、つまり資本コストに対して価値を創造しているか、ということです。

$$\text{PBR} = 1 + \frac{\text{エクイティ・スプレッド}\,(\text{ROE} - \text{株主資本コスト})}{\text{株主資本コスト} - \text{永久成長率}}$$

2. 配当還元モデルによる検証

次に、配当還元モデルから導かれる資本コストを見ていきます。

配当還元モデルとは、ゴードンモデルとも呼ばれ、将来の配当の現在価値をもって株価を評価する方法です。

$$\text{時価総額} = \frac{\text{予想配当金}}{\text{株主資本コスト} - \text{配当の成長率}\,(= \text{ROE} \times (1 - \text{配当性向}))}$$

この式を、株主資本コストを切り出す形に式展開すると、以下のように、「内部留保による ROE の期待成長率」と「配当利回り」の合計により資本コストが求まる式になります。ここで導いた株主資本コストが CAPM による資本コストを上回る場合は、同業他社と比較して高い配当利回りなのか、ROE や配当性向の水準は同業他社と比べてどのような水準なのか、見解を持っておくことが重要です。

$$\text{株主資本コスト} = \underbrace{\text{ROE} \times (1 - \text{配当性向})}_{\substack{\text{内部留保による} \\ \text{ROEの期待成長率}}} + \underbrace{\frac{\text{予想配当金}}{\text{時価総額}}}_{\text{配当利回り}}$$

　以上のように、CAPM理論以外の方法で資本コストを導き、比較・検討をしておくことで、投資家との間で生じ得る目線の乖離を事前に認識しておくことが可能になります。

　上記のような分析を通じてCAPMによる資本コストとの乖離を認識した場合でも、CAPM理論に基づく資本コストよりも高い水準を企業として意識するのか、考え得る投資家との目線の乖離について企業としての見解を持った上でCAPM理論に基づく資本コストを採用するのか、どちらが正しいということではありません。繰り返しになりますが、企業としての考えを明確に持ち、投資家との対話をしていくことが重要です。

第 4 章

企業価値を
上げるには

COST OF CAPITAL
MANAGEMENT

1 本源的価値まで株価を上げないとどうなるか

　市場での価格は、必ずしも本源的価値である保証はありません。バブルの時は実力以上に市場価格は上昇し、その崩壊により実態以上に株価は下落する歴史を何度も繰り返してきました。

　現在の日本の資本市場はどのような状況でしょうか。PBR＜1倍の銘柄が4割を占めることからも、現時点の日本の資本市場の課題は「本源的価値＞市場価格」と過小評価されている銘柄が多いと言えるでしょう。

　なぜ「本源的価値＞市場価格」という状況が放置されていると資本市場にとって問題なのでしょうか。

　皆さんはイソップの「黄金の卵を産むガチョウ」の寓話をご存知でしょうか。

> 『ある日農夫は飼っているガチョウが黄金の卵を産んでいるのを見つけて驚きます。それからもガチョウは1日に1個ずつ黄金の卵を産み、卵を売った農夫は金持ちになりました。しかし農夫は1日1個しか卵を産まないガチョウに物足りなさを感じ、きっとガチョウの腹の中には金塊が詰まっているに違いないと考えるようになりました。そして欲を出した農夫はガチョウの腹を切り裂きました。ところが腹の中に金塊などなく、その上ガチョウまで死なせてしまったのです。』

　教訓としては、「欲張り過ぎて一度に大きな利益を得ようとすると、その利益を生み出す資源まで失ってしまうことがある。利益を生み出す資源を大事に保有し続けることにより、長期的に大きな利益を得ることができる」という話です。

　このような愚行は寓話の中だけでしょうか。いいえ、現在の資本市場でも起きかねない（もしかしたら実際に起きている）現象です。

　ある上場企業A社を例に挙げましょう。

『A社は必要以上の現金や不動産を抱えており、PBR＜1倍と株価は低迷しています。業績低迷から脱するべく、A社は新規事業の準備を完了し、近い将来には大きな利益（キャッシュフロー）を確実に実現できるところまできました。新規事業から見込まれるキャッシュフローの価値は今の株価を3倍に押し上げることは確実です。

しかし、A社の経営陣はこの新規事業について何の情報も市場に提供せず、事業計画も発表しませんでした。

市場価格は低迷している中、あるアクティビストがA社の現金と不動産に目をつけ、いきなり「同意なき買収」を仕掛けました。

あっさりと買収は成功し、スクイーズアウト（大株主による少数株主分の強制的な株の買付）により少数株主は追い出され、アクティビストは買収したA社の資産をすべて売却し、ある程度の利益を確定した後、会社を清算してしまいました。』

どうでしょうか、もしこのような企業買収があったら、まさにイソップの寓話と同じではないでしょうか。

教訓は2つ。本源的価値と市場株価に乖離があるとこのような悲劇のM&Aが起こります。また、イソップの教訓では「一度に大きな利益を得ようとすると損をする」とありますが、資本市場では話が違います。

将来のキャッシュフロー（黄金の卵）は、生み出される度に利益が確定するのではなく、現時点で市場価格に反映させることができるのです。もし新規事業が生み出すキャッシュフローについて経営者が市場に十分な情報を与えていたら、その時点で株価は3倍になったかもしれないのです。

経営者が将来キャッシュフローや資本コストに関する情報をいかに効果的に投資家に開示するかが、本源的価値＝市場価格にする上で最も重要なことなのです。

2 企業価値が上がる理由

　企業の価値が将来キャッシュフローの現在価値であるとすると、ファイナンス理論において、企業価値（株価）が上がる原因は何になるのでしょうか。

　まずは債券の価値の話をしましょう。クーポン等のキャッシュフローが支払われたからといって債券の価値が上がることはありません。あくまで価値の源泉は将来のキャッシュフローです。固定利付債券の場合、キャッシュフローは固定されていますので、割引率（市中金利）の変化が債券の価値を決定します。

　では企業の価値の場合はどうでしょう。企業価値が上がる要素は原則3つしかありません。
- ▶将来キャッシュフローが増える
- ▶利益が積み上がる
- ▶資本コストが下がる

　債券と企業の価値評価上の大きな違いは、債券のキャッシュフローは固定

ファイナンス（企業価値）

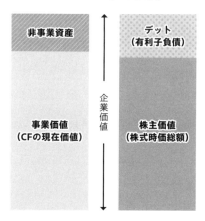

©ブルータス・コンサルティング

第4章　企業価値を上げるには

（変動利付債を除く）であることに比べ、企業の将来キャッシュフローは刻一刻と変化していきます。将来キャッシュフローが現時点よりも改善されると、企業価値は上がります。

債券には内部留保はなく、クーポンはすべて投資家に還元されます。一方、企業の場合利益をすべて配当に回すことはなく、利益準備金として内部留保されます。内部留保された利益が何にも投資されなければ現金（非事業用資産）が増え、事業に投資されれば事業価値が増えます。企業価値はバランスシートの左側なので非事業用資産（現金）が増えるか、事業価値（将来キャッシュフローの現在価値）が上昇した場合、はじめて企業価値は上がるのです。

何よりも資本コストを下げれば、ダイレクトに企業価値が上昇します。分母の資本コストが6%から1%減少するだけで、理論的には企業価値は20%上昇することになります。「資本コスト経営」がいかに重要なのかという理由はこの点にあるのです。

3 本源的価値と市場価格のギャップはなぜ発生するか

では、本源的価値と市場価格になぜギャップが出るのか、さまざまな理由がある中で代表的なものを3つ挙げたいと思います。

1. 情報の非対称性

東証の「資本コストや株価を意識した経営」の要請において一番重要視している点は、一言でいえば「情報の非対称性の解消」です。経営者との会話の中でよく聞くセリフに「投資家はウチの会社のことをよくわかっていないのですよ」というものがあります。特に、なかなか株価が上がらず、アナリストレポートに会社にとって不本意な内容が書かれたときなどによく聞こえてきます。「そうですね……」と少し同情気味に返答するのですが、「いや、会社のことをよく知ってもらうのはあなたの仕事ではないのでしょうか?」と心の中ではつぶやいています。

91

投資家が企業の真の価値や将来性を十分に理解できていない理由は、企業の情報発信が投資家の期待に応えられていないからであり、情報の非対称性が1つの要因として考えられます。具体的には、次のような点で投資家と企業側に大きく乖離があります。

▶投資家の期待リターン（資本コスト）
▶事業が抱えるリスク
▶将来キャッシュフローの予測

これらが存在する以上、本源的価値と市場価格のギャップは埋まらないのです。

2. 市場の流動性

効率的な市場になるためには、投資家が十分に売買できる流動性が必要です。第3章第2節5.で例示したB社のケースでも、流通株式が極端に少ないとβなどが異常値となり、適切な資本コストが算出できません。上場維持基準に流通株式時価総額と流通株式数が入っているのは、最低限の出来高がなければ効率的市場は形成されないと東証が考えているからだと思います（詳細については第5章第5節2.を参照）。上場したが株価が低迷して時価総額が小さいのにもかかわらず、オーナーが半分以上の株式を保有しているようなケースでは、本源的価値と市場価格が一致することは困難になります。

3. なぜ現金は嫌われるか

買収提案があった場合の企業価値の評価は以下になります。

企業価値＝事業価値（将来キャッシュフローの現在価値）＋非事業用資産

非事業用資産とは、現金や非事業用の不動産等の有休資産を指し、その資産がなくてもキャッシュフローに影響がないものをすべて含みます。買収するほうの企業が100％の株式を取得した場合、被買収企業の現金（非事業用資産）を自由に使えることになるため、このように計算することになります。

しかし、平時において非事業用資産は市場では過小評価されがちです。非事業用資産を多く持つと市場価格が低迷し、結果としてPBR＜1倍となる

92　　第4章　企業価値を上げるには

ことがあります。ではなぜ非事業用資産は市場では過小評価されるのでしょうか。

そもそもキャッシュフローを生まない非事業用資産は清算価値しかありません。しかし、上場維持している企業の非事業用資産を株主の自由意志で清算し、株主還元させることはできません。もし非事業用資産の清算（もしくは株主還元）が遠い将来であると投資家が考える場合、時間的価値を考慮すると資産価値はかなり低くなります。

結果として、非事業用資産は時価純資産額よりも低く評価され、PBR＜1倍の引き金になってしまいます。ではどうしたらいいか、必要以上の現金を持たないためには、余剰の現金を以下の2つのどちらかにするしかないのです。

▶配当や自社株買いなどで株主に還元する
▶将来キャッシュフローを生む投資に充てる

少なくとも投資家はそう考えていることを念頭に置いてください。

4 資本コストを下げるには

企業価値（株価）を上げるためには、将来のキャッシュフローを上げていくのが王道ですが、現実はなかなか至難の業です。厳しい経営環境のなか、企業経営者は日夜利益を出すために身を削っている中で、これ以上キャッシュフローを上げろというのは酷なことです。

では、他に手はないのでしょうか。企業価値の計算式の分子（キャッシュフロー）ではなく、分母の資本コストを下げることに目を向けてみたいと思います。前述の通り、資本コストの低下は企業価値向上に直接影響します。これからの経営者は、分子のキャッシュフローを向上させるのと同様、いやそれ以上の努力を「資本コストの低下」にかけるべきです。

1. キャッシュフローの変動性を下げる

一番資本コストが小さいアセットが何かといえば、国債になります。

国債はリスクフリーと呼ばれるようにリスクのない投資商品ですから、理論的には最小の資本コスト（割引率）が適用されます。企業も、究極的には国債と同じようなキャッシュフローを生むと市場に判断されたら、資本コストは国債の金利に近くなります。そして企業価値（株価）は等比級数的に向上します。極端な話ですが理論的には正しいので、毎年のキャッシュフローが安定すれば資本コストは下がるはずです。しかし、何度も繰り返しますが、その事実をきちんと投資家に伝える努力をしなければ、いつまでも高い資本コストを甘んじて受けなければならないのです。

2. 財務レバレッジの利用

　負債の利用により、節税効果があり企業価値が上がる話はしました。それ以外でも第3章第2節5.のB社のβのように、負債を使っても理論値ほどβが上がらず、資本コストが低くなることも十分に起こります。効率的市場仮説に逆行するかもしれませんが、現実的にはこれも採用を検討する価値はあると思います。どちらにしろ、無借金経営はファイナンス的にはメリットを生まないので、自社の事業リスクに合った負債の活用も検討すべきです。

3. 事業計画の開示

　東証も指摘している通り、資本コストを下げる上で一番効果があるのは、投資家との積極的な対話により、情報の非対称性を解消することです。その中でも、投資家が将来のキャッシュフローの予測をしやすくするために、中長期事業計画の開示は非常に重要になります。以下で事業計画の公表の是非と効用について解説したいと思います。

5 事業計画の開示がなぜ必要か

1. 事業計画を公表する必要はあるのか

　上場企業の株価や企業価値は、投資家が期待する将来キャッシュフローの割引現在価値で決まると説明してきました。そのため、上場企業が公表する事業計画や業績目標数値は、投資家にとって銘柄選別や投資判断を行ううえで極めて重要な判断材料と言えます。最近では少なくなってきましたが、日本の上場企業の経営者の中には、「業績が向上すれば、株価は後から付いてくる（上昇する）」と口にする方が存在します。

　ただし、これを換言すると、「将来の業績向上の見込みがあっても、それが実現/公表されるまでは株価は本源的価値を下回る状態に放置される（されても構わないと考えている）」ということになります。かつてはそれでも良い時代があったかもしれません。また、圧倒的な知名度と実績を誇る一部のラージキャップ（大型株）の中には、事業計画を公表しなくても市場から十分な評価を得られているケースもあるかもしれません。

　しかし、上場企業数が膨大となり、物言わぬ安定株主（政策保有株）が減り、同意なき買収やアクティビスト投資家が登場した現在においては、多くの企業にとって、自社の株価を本来の源的価値を下回る状態に長く置いておくことは多大なリスクを伴います。知名度が十分に高くない東証グロース市場上場企業に対して、「事業計画及び成長可能性に関する事項」の開示が義務づけられている背景も、「投資者に合理的な投資判断を促す（東証）」こととされています。GDPに対する上場企業数が先進国トップ水準の日本（米国や欧州の3〜5倍程度の多さ）においては、充実した事業計画を公表する努力を怠ると、4千社という膨大な上場企業の母集団に埋もれてしまうことも忘れてはなりません。

　なお、2024年の日本IR協議会の調査等によると、2019〜2024年の間に具体的な業績目標数値を含む中期経営計画を公表した企業は、全上場企業の約

95

75％に達しています。

2. 投資家はどう受け止めるか

　上場企業が公表した事業計画を、投資家、特に機関投資家はどのような視点で見ているのでしょうか。

　まず、具体的かつわかりやすい事業計画を対外公表しているか否かは、企業価値を高めるための経営努力や投資家エンゲージメント（建設的な対話）に対して、マネジメント層がどれだけ本気で取り組んでいるかのバロメータとして受け止められます。

　次に、事業計画の中で示されている業績目標数値の整合性や網羅性も、細かくチェックされます。このため、①連結売上目標と営業利益などの損益（P/L）数値目標と② ROE 等の財務指標だけに限定された開示は、①と②の間にあるべきバランスシート（B/S）や投資計画、株主還元方針等のいわゆるキャピタルアロケーションを飛躍した開示とみなされ、信頼を得ることができません。

　P/L 指標と ROE 目標だけの開示は、トップダウン型で決定され、事業部等の「現場の実行計画」を伴っていないのではないかという疑いの目も向けられます。とりわけ、機関投資家やアナリストは、アクティブ運用の投資対象銘柄について、独自に財務三表モデルを精緻に作成して、適正株価の試算を行ったうえで投資委員会等で討議していますので、トップダウン型で作成した事業計画の不整合は、必ずと言ってよいほど見抜かれてしまいます。

　なお、公表した事業計画の数値目標の達成度について、市場関係者が厳しく追及する場面もありますが、必ずしも杓子定規で評価しているわけではありません。投資家は合理的ですので、目標水準が高くない事業計画を達成しただけで高評価を与えることはしませんし、ハードルが高く設定された事業計画にわずかに届かなかっただけで減点評価を突き付けるようなことはしません。

　上場企業といっても、その業種や事業特性は多種多様です。製薬業界やゲーム開発会社のような製品パイプラインに不確定要素がある企業や、原材料や商品市況の変動リスクや為替リスクにさらされている企業もいます。こ

れらの企業の中には、具体的な業績数値目標を開示することがためらわれる
ケースもあることは理解できます。しかし、そのような業界特性や変動リス
クを備えながらも、リスク感応度（例：市況変動に伴う利益インパクト）の開示
とあわせて事業計画を丁寧に説明している企業は、「合理的に数値計画を開
示できない」とするライバル企業と比べて、真摯に資本市場と向き合ってい
る企業として、投資家から注目と高い評価を集めることができます。

3. 事業計画を達成できなかったら

　事業計画を達成できなかった局面での企業の対応についても、投資家はよ
く観察しています。人間の本質は逆境においてこそ現出すると言われますが、
企業についても同じことが当てはまります。事業計画が達成できない、ある
いは達成のめどが立たなくなった際、そのギャップがどこから生じたのかを
分析して、投資家に丁寧に説明することが求められます。むしろ、その
ギャップ分析を通じた経営課題について双方向型の対話を行うことこそが、
IR活動や投資家エンゲージメントの本懐と言ってもよいでしょう。

　事業計画は建設的なIR活動の目的だけではなく、対話のためのツール（手
段）でもあるのです。事業計画を達成できなかったことが寝耳に水の情報と
して入ってきて、適切なポートフォリオ管理ができなかった経験を持つ投資
家に、再び自社の株主／ファンになってもらうことは至難の業です。かた
や、仮に事業計画が達成できず、投資家がその企業の株式を売却してしまっ
たケースでも、丁寧なコミュニケーションが行われた履歴さえあれば、いず
れその企業の業績が回復する際に再び投資対象として検討してもらうことが
可能です。

　また、計画が未達成に終わる理由が市況や為替変動の影響が大きい場合、
投資家は「市況や為替が当初の想定通りだった場合の本来の実力値」を試算
して、参考にします。もちろん、投資家にそのような視点を持ってもらうた
めには、事業計画を公表する段階で、想定している市況や為替レートとあわ
せて、変動リスクや利益感応度をあらかじめ明記しておく必要があります。

　事業計画の達成が危うくなってきたら、あるいは逆に、超過達成する見込
みが生じた場合には、事業計画期間の中間時点をめどに、修正発表すること

が必要です。事業計画の最終年度に慌てて修正するのでは遅いとみなされることがあります。注意が必要なのは、公表した事業計画を達成できれば、そのまま放っておいて良いわけでもないということです。投資家は常に適正株価と実際の株価のギャップやアップサイド（上方余地）を見定めています。そのため、公表されている事業計画の数値に基づいて判断した目標株価に達成したタイミングで、利益確定をしてしまうこともあり得ます。実際にはさらに高い利益と株価が見込まれるにもかかわらず、そのことを知らずに利益確定のために株式を売却してしまうような事態は、投資家と上場企業の双方にとって、決して望ましいことではありません。そのような背景もあり、<u>業績結果が事業計画を「上振れ」しそうな際にも、適切かつ速やかな情報提供や修正開示を行う企業に対して投資家は信頼を寄せます。</u>

4. 事業計画策定と公表に向けた課題との向き合い方

　コーポレートガバナンス・コードやスチュワードシップ・コードの制定、東証開示要請、各種のサステナビリティ情報開示の国際的なフレームワークの公表などに伴い、事業計画（中期経営計画）を投資家に対して公表すること

資本市場が求める中計開示レベルは多様化／高度化

中期経営計画0.0 10年前	中期経営計画1.0 数年前	中期経営計画2.0 現在〜
● 環境認識 ● 売上目標 ● 営業利益目標 ● 事業戦略/投資開発計画 ● 有利子負債見通し	● 企業理念/MVV ● 環境認識 ● 売上目標 ● 営業利益目標 ● 事業戦略/投資開発計画 ● 有利子負債見通し ● ROE目標 ● サステナビリティ方針	● 企業理念/MVV ● 環境認識 ● 売上目標 ● 営業利益目標 ● 事業ポートフォリオ戦略 ● 事業戦略/投資開発計画 ● 有利子負債見通し 　/財務レバレッジ ● ROE目標 ● 資本コスト認識 ● キャピタルアロケーション ● 人的資本戦略 ● DX戦略 ● 投資家エンゲージメント戦略 ● サステナビリティ方針

の難易度は年々上がっています。

　以下に図示したように、これを筆者は「中期経営計画2.0」という言葉で表現しています。10年ほど前までは、自社が置かれている事業環境とあわせて財務目標と事業戦略を説明すれば十分とされた「中期経営計画0.0」から急速に変化して、今日求められている開示項目は2倍以上に増加しています。これに伴い、中期経営計画を取りまとめる役割を担う経営企画室や社長室等の部署や担当者の業務負荷は過酷となっています。「中期経営計画2.0」のアジェンダが財務部門との情報交換やすり合わせだけでなく、システム部門、人事部門、サステナビリティ担当者等との緊密な連携が必要になっていることも看過できません。

　中期経営計画が複雑化しているという課題に対応するために必要なことは何でしょうか。

　まず、経営トップが経営企画部門に権限を与えることが最初のステップです。多くの企業においては、売上や利益を獲得する事業部門や営業部門こそが組織の花形であり、経営企画はその後方支援を行う裏方といった位置づけですが、それでは全社を巻き込んだ事業計画の策定は円滑に進みません。事業計画の策定は経営トップマターであり、経営企画はその代理人であるという「権威」が必須です。

　次に、十分な準備期間と検討体制を構築する必要があります。計画策定プロジェクトには、公表予定日の少なくとも半年以上、できれば1年前から着手する必要があります。また、プロジェクトメンバーは経営企画部だけで構成するのではなく、事業部や営業部などのフロントセクションの責任者が中枢メンバーとして参加することが必須です。経営企画部はプロジェクト推進をリードするPMO（プロジェクト・マネジメント・オフィス）として、意思決定やコミュニケーションの中枢（ハブ）機能を果たしていくことが求められます。

　この中枢機能が十分に働かないと、多くの企業の事業計画（中期経営計画）は、大きく2つの失敗パターンに陥る結果を招きます。第1が、「完全なトップダウン型」です。経営層と経営企画部が密室で作成したトップダウン型の計画は、ROE目標などの資本市場の要請に応える数値目標の設定が容易で

99

すが、肝心の実行計画を伴っていないため、脆弱性を備えてしまいます。また、フロントセクションの責任者や現場の社員は計画策定のプロセスに関与していないため、計画達成へのコミットメントが醸成されず、「他人事」のように捉えてしまう弊害が生じます。

　第2の失敗ケースは「完全なボトムアップ型」です。これは、経営企画部が裏方に回り、各事業部が提出した計画数値を単純に合算しただけの計画です。この場合、事業部などに計画を「自分事」として捉えてもらうことには成功しますが、事業計画が投資家や資本市場の要請に適合しない内容にとどまってしまうリスクを伴います。これらのいずれのパターンにも陥らないためには、経営トップによる経営企画部への「権威」の付与、適切なプロジェクトメンバー、会議体やスケジュールの設定を行うことに加え、経営情報を集計／分析するためのマネジメントデータ基盤を整備していく必要があります。

実践編

COST OF CAPITAL
MANAGEMENT

第 **5** 章

資本コスト経営とは何か

COST OF CAPITAL
MANAGEMENT

1 投資家と経営者の視点のギャップ

　経営者は自社の業績向上のために努力し、株式市場の投資家も企業の業績向上を願っており、どちらも同じ船に乗る運命共同体のはずです。にもかかわらず、立場の違いからさまざまな点で両者の考え方に食い違いが発生しています。

　本書のテーマである「資本コスト経営」を念頭に置くと、特に重要な相違点は次の3点に集約されます。

1. 効率性に対する考え方の違い

　企業の利益を最大化するには効率的な企業運営が必要です。経営者は運用フローの効率化やコストを削減することで、利益率の改善を図っています。結果として、営業利益率は企業が公表する目標の定番となり、利益率の改善を通して自社の効率性をアピールしています。

　一方で、投資家が一番に考える効率性は何でしょうか。投資家は自身の投資のリターンの大小で効率性を考えます。投資した金額に対してどの程度リターンが得られたかを表す「利回り」が効率性の指標となります。

　利益率と利回りはどちらも利益や得られた金額を分子にしますが、分母が全く異なります。利益率は売上高を分母にするため、全収入から企業への手残りの指標です。利回りは投資額に対するリターンの指標です。

　企業経営の視点では、「売上はすべてを癒す」と言われるほど売上高は重要です。売上は、自社の財やサービスがお客様に認められて初めて発生する有難いものです。したがって、売上が発生している限りは、仮に利益率が1％という一般には低い商品でも、生産活動を止めないでしょう。ましてや、それが新規性のある財やサービスであればなおさら、まずは効率化できないか一生懸命考えて試行錯誤するはずです。

　一方で、投資家の視点ではどうでしょうか。事業活動と異なり、株式は簡単に売却ができます。投資が期待利回りに見合わなかったら、すぐにその株

104　第5章　資本コスト経営とは何か

式を売却し他の投資対象に切り替えるでしょう。

　また、事業活動ではたとえ利益率が良くても、売上高が大きくなければすべてを癒すとは言えないので、売上高や利益の絶対値も重要です。しかし投資家の立場に立つと、1つの企業に対する投資の絶対額はそれほど重要ではありません。投資対象は市場に山のように存在するので、投資利回りのみが重要なのです。

　このように、利益に着目している経営者は売上に対する利益率や利益の額のみ重要視しがちであり、投資家が考える利回りという視点が欠如しがちです。

2. 企業価値に対する考え方の違い

　第1章でふれたように、近年まで経営者は企業価値についてさまざまな尺度を持っていました。企業が何らかの価値を生み出していることについては誰も異論はないと思いますが、「誰に対してどのような価値を提供しているか」については昔から解釈が分かれ、大きく2つの考え方が存在しています。

　1つは、企業がかかわるすべてのステークホルダーにとっての価値であり、そこには、顧客価値、従業員価値、取引先価値、社会コミュニティ価値、株主価値などがあげられ、その総和が企業価値であるという考え方です。

　もう1つは、株主に対する経済価値を指し、具体的には株式時価総額や企業が将来的に生み出すキャッシュフローの割引現在価値であるという考え方です。

　企業価値の捉え方は経営者と投資家の間で大きく隔たりがあります。従業員雇用や企業の周辺環境にも配慮するべき経営者は前者をとなえ、後者については主にグローバルな投資家がその考え方をとなえる傾向があります。歴史的に銀行による間接金融に重点を置いて成長してきた日本では、暗黙のうちに前者の考え方が一般化していたと思われますが、外国人投資家比率が高まる近年では、経産省や東証も明確に後者の考え方に重きを置いています。

　これだけ聞くと投資家偏重とも捉えられかねないですが、後者の考え方も傾聴に値します。なぜなら、株主に対する経済価値は利益がその源泉になりますが、本業で高い利益を継続的に出すためには、モチベーションの高い従

105

業員の存在や原価を削減する企業努力を前提に、商品やサービスが顧客にも受け入れられる必要があるからです。それはやはり企業は多様なステークホルダーに対して価値を提供しているとも捉えることができますし、シンプルに株主への価値という1つの尺度で企業の価値を測れるというわかりやすさもあるため、グローバルな現代にはこのような考え方が受け入れやすいということです。

以前は、M&Aが企業価値の向上に資するかどうかという場面になったときに、買収提案を受けた企業の経営者は**「企業の価値は従業員の雇用や取引先との安定的な取引」**といった概念を持ち出すことが多々ありました。

最近の例を持ち出すと2019年7月に始まった、ユニゾホールディングスのEBO（従業員による自社株の買収）にいたるやりとりが記憶に新しいです。

最大のポイントは、ユニゾホールディングスが「当社への買収提案に対する基本方針について」の中で「広義の企業価値」の観点から検討を行い、意見を決定することを表明したことです。

ここで、広義の企業価値は「株主共同の利益」と「狭義の利益」からなるとし、狭義の企業価値は<u>「従業員の雇用が確保されたうえで、働き甲斐のある企業であり続けることが重要」</u>としました。

このような尺度でフォートレスの提案を考えた際に、従業員の雇用及び労働条件が維持されない可能性があるとして、留保から反対となりました。こ

ユニゾHD vs エイチ・アイ・エス／フォートレス

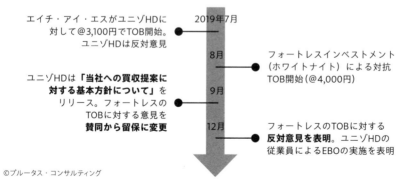

©ブルータス・コンサルティング

のように、最近まで企業の価値については、さまざまな尺度が存在していたことは事実です。ただ、第1章でふれたように、「企業買収における行動指針」は「対象会社の経営陣は、測定が困難である定性的な価値を強調することで、「企業価値」の概念を不明確にしたり、経営陣が保身を図る（経営陣が従業員の雇用維持等を口実として保身を図ることも含む。）ための道具とすべきではない」と企業価値の定義の曖昧さにくぎを刺しました。

ユニゾホールディングスのケースは買収指針前であったのでなんとか通せたものの、今であれば通用しない主張となったのです。ちなみに、EBOの後、ユニゾホールディングスは経営破たんし、スポンサーによる民事再生手続きに入りました。

3. 資本コストに対する考え方の違い

株主資本コストに関しては経営者と投資家で大きく考え方が異なるようです。

古い経営者は、負債コストである支払金利と同様に、配当という実際の支出に着目した配当利回りや配当性向で株主資本コストを考えます。両方とも企業から投資家に直接支払われるキャッシュなので、コストとして認識しやすいからでしょう。

一方、投資家にとっての投資利回りは、配当（インカムゲイン）だけではなく、株価の値上がり（キャピタルゲイン）を含みます。むしろ、多くの投資家は配当よりも値上がり益を追求しているのです。それにもかかわらず、多くの経営者は持続的な企業価値の向上（＝株価の値上がり）にあまりに無頓着です。

利益が出ても漫然と現金を積み増すだけで、配当も投資もしない経営者がいまだに散見され、それが原因で株価が上がらない銘柄が数多く存在しています。このような状況に投資家や市場関係者はそろそろ我慢の限界を迎えているのが現状です。

4. 伊藤レポートによる経営者への警鐘

このように日本市場では、経営者と投資家の視点は大きく乖離していま

107

す。問題は多くの企業がこのギャップを認識できていないということです。

　一橋大学の伊藤邦雄教授を中心とした経済産業省研究会「持続的成長への競争力とインセンティブ～企業と投資家の望ましい関係構築～」の報告書（通称、伊藤レポート、2014年）では、この経営者と投資家間の考え方の相違と、その相違がすり合わせられてこなかったこと（対話の不足）が、日本の株式市場が長期間低迷してきた要因の1つと指摘しています。

　また、伊藤レポートでは、経営者と投資家が重視している指標が異なるというアンケート結果も示しており、その筆頭にROEが挙げられています。ROEは収益率の指標であり、また資本コストとの比較なしに語ることのできないものですので、前述の両者の考え方の違いはどれも、ROEを重視しているか否かに起因しているといっても過言ではありません。

　日本では、ROE（当期純利益÷株主資本）という言葉が世に広く知られたのは、この伊藤レポートが大きなきっかけとなりました。ROEは当期純利益を株主資本で割った指標で、株式に投資する投資家にとっての投資利回りのイメージに近い経営上の指標です。上場株式の投資家にとっては株価が投資額になるので株主資本は投資額とは異なりますが、投資家寄りの経営指標であることは間違いありません。企業経営における効率性を投資家に寄りそったかたちで表現しているものと捉えて良いでしょう。

　伊藤レポートでは、投資家が企業に導入を希望する経営管理指標としてROEが筆頭に挙げられていました。ROEとは、当期純利益は株主以外のすべてのステークホルダーへの還元を経た最終的な手残りであり、株主資本を出発点とした企業の最終利回りに該当する指標です。また、利益額が株主資本の成長（利益剰余金の蓄積）よりも高く成長しない限り、ROEは低下してしまいます。ROEを維持するためには、得た利益をより高い利益につながる投資に充てるか、配当や自社株買いなどで資本の厚さをコントロールするしかないのです。ROEは株価をいかに上げるかに直結する指標なのです。

　「東証開示要請」も、まさにこうした問題意識の中で出てきたものでした。2024年1月には要請に基づいて開示している企業の一覧を公表するなど、資本市場改革に本腰を入れて取り組んでいることがうかがえます。東証の取組みの本質を見る前に、次節ではまず日本の株式市場を俯瞰的に見ていきたい

と思います。

2 日本の株式市場の現状

1. 米国・欧州との格差

　1990年代に日本の株価パフォーマンスが低迷して以降、その是正策として企業価値向上に向けたさまざまな取組みが行われました。特に重要なのは安倍晋三内閣による日本再興戦略以降の施策です。これに基づく経済産業省のプロジェクトと伊藤レポートの公表、東証によるコーポレートガバナンス・コードの策定など、矢継ぎ早に改革が進められていきました。

　もっとも、これらは一定の成果をあげたものの、依然として課題が残るものでした。たとえば2024年に経産省により設置された「持続的な企業価値向上に関する懇談会」では、伊藤レポート公表以降の日本の株式市場について、次のように振り返っています。

> 　「一部の企業では、コーポレートガバナンス改革も進み、経営変革が行われた結果、企業価値が向上した。しかし、日本企業全体では、依然として、ROE、PBR等のパフォーマンス指標を見る限りにおいて米国・欧州企業と比較して差があるのが実情である。この10年間、一部の企業を除き、多くの日本企業において、これまで指摘されてきた課題が解消されず、パフォーマンスが上げられなかった。」

　さらに、同懇談会では、次の資料に基づいて各国市場と比較して日本の株式市場における企業の数や質の問題も指摘しています。

　東証プライム市場の時価総額は673兆円で、ロンドンPremium市場の1.7倍、ドイツPrime市場の2.4倍と、諸外国と比べて遜色ない規模であることが示されていますが、上場企業数は1,838社とロンドンの4.1倍、ドイツの6.0倍（全市場の社数ではロンドンの5.7倍、ドイツの7.7倍）もあり、欧米と比較して規模の小さい企業が多数含まれていることになります。特に米国の

109

30年間の各国の株価推移（1994年末=100）

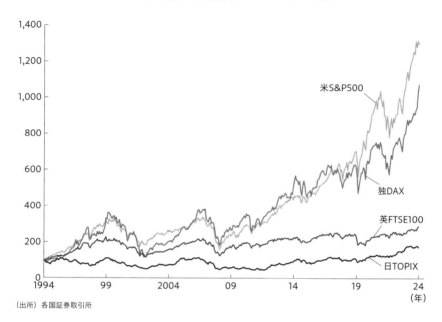

（出所）各国証券取引所

NASDAQ市場と比較すると、上場企業数が概ね同等であるにもかかわらず、時価総額では4倍弱の開きがある現状なのです。

諸外国と比べて株価が見劣りする理由には、デフレの長期化による国内需要の減少傾向や少子高齢化による人口減少などマクロ経済要因を挙げることもできるでしょう。しかし、問題は企業側の対応にもあったと考えられます。

必ずしも日本の企業が海外の企業より努力をしてこなかったわけではありません。厳しいマクロ経済要因の中でも、日本の上場企業は高い技術力や高度人材、イノベーションを駆使し、営業利益を2009年の17兆円から2022年には58兆円まで伸ばしてきました。

世界経済フォーラムの「Global Innovation Index 2024」においても、日本の製造業の技術力が高いこと、高度人材が多数存在すること、特許出願件数が多いことなどが指摘されているように、日本の企業が国際的に劣っているわけではないことがうかがえます。

各国上位市場の時価総額と会社数

		東京	NASDAQ	ロンドン	ドイツ
上位市場	名称	プライム市場	Global Select	Premium	Prime
	時価総額	673兆円	2,654兆円	400兆円	285兆円
	会社数	1,838社	1,624社	444社	307社
全市場	会社数	3,776社	3,797社	663社	490社

（出典）東京証券取引所

　しかし、後に詳しく述べるように、資本市場との向き合い方については問題がありました。一言でいえば、対顧客という面では多大なリソースを割いてきたものの、対投資家という面では力を入れてこなかったということです。これこそ、日本企業が世界的に見てイノベーティブであるにもかかわらず、株式市場が冴えない大きな理由といえるでしょう。

2. PBRの比較

　以下は経産省が「持続的な企業価値向上に関する懇談会」の資料として開示したPBRの国際比較ですが、日本のPBRが欧米と比べて低いことがうかがえます。

　注目すべきは、TOPIX構成企業の約4割がPBR＜1倍だということです。PBR＜1倍が一時的な状況なのであれば、たまたま割安な状態にあると考えることもできるでしょう。しかし、日本企業のPBRは継続的に低い水準が続いてきました。ここに経営者と投資家のギャップを見ることができます。

　一般に好業績の見込まれる企業の株価が上昇するように、将来性のある企業はそれを織り込む形で純資産以上の時価総額がつくことになります。逆に言えば、純資産以下の時価総額ということは、市場において解散してもいいと思われるほど将来性がないと考えられているということです。

111

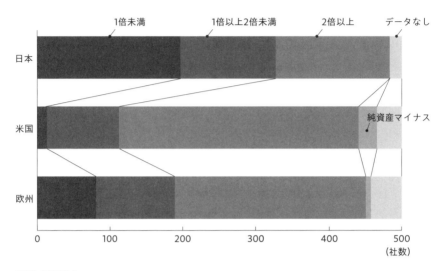

(出典) 経済産業省

3. ROEの比較

　日本の株式市場低迷を説明する上で、PBRと並んで目にするのがROEの低さです。前述の経産省の資料によれば、ROEについても欧米と比較して低いことがうかがえます。

　日本の企業は欧米と比較して投資家の資金を効率的に回せていない可能性があり、相対的に日本の株式市場の魅力が薄いことを示しています。東証開示要請の背景として「プライム市場の約半数、スタンダード市場の約6割の上場企業がROE＜8％、PBR＜1倍」（2023年3月当時）をあげており、これらの指標に象徴される将来性や資本収益性の低さを問題視していることが記載されています。

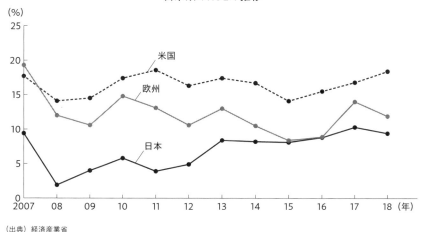

(出典)経済産業省

3 アクティビストと資本コスト

1. アクティビストとは何か

　序章で少し触れましたが、アクティビストとは、株主の権利に基づいて投資先に対してさまざまな要求を行う投資家です。その要求内容は取締役の選解任か配当の大幅な増額などがあり、いずれも経営者にとっては非常に頭が痛いものです。前者は経営者自体の交代を直談判されるものですし、想定外の配当も自社が定めた戦略に適合しないこともあると思われます。

　反面、アクティビストは金融巾場への造詣が深く、資本コストに対する視線は大変鋭いという特徴を持っています。アクティビストの代表格と言えば、香港を拠点に構えるオアシス・マネジメント（以下、「オアシス」と言います）、日本を拠点にする旧村上ファンドやストラテジックキャピタルが挙げられ、多くの投資先に対するキャンペーンで世間の耳目を集めていますので、少しその一端を覗いてみたいと思います。ここでは、近年耳目を集めたアク

ティビズム事例を紹介し、資本コスト経営の観点で解説を試みます。

2. アクティビズム事例

東亜道路工業の事例（ストラテジックキャピタル）

　ストラテジックキャピタルは、東亜道路工業へ2024年4月30日に書面を提出し、増配を提案しました（なお、同日付の株主提案書面には増配の他にガバナンス上の提案が2つ記載されていましたが、後日取り下げています）。そしてその後、提案の内容を補足するためのキャンペーンサイトを、同年5月8日に立ち上げています。

　増配の具体的な内容は、自己資本に対して8％を配当に充てるというものです。株主資本配当率（DOE）は、ROEと同じ分母を持つ指標であり、DOE8％ということは、ROEが8％未満の場合には、得た当期純利益の全額以上を配当するべきだと要求することになります。言い換えれば、配当性向100％以上ということになります。

　ストラテジックキャピタルによるこのような大規模な株主還元提案の背景が、同キャンペーンサイトに掲載されています。これによれば、東亜道路工業のPBRは、長期的に1倍を下回って推移しており、2024年4月2日現在で、東証開示要請への対応も未発表であったとしています。さらに、高い自己資本比率を背景にROEは低迷を続け、ストラテジックキャピタルが想定する株主資本コストを下回る水準であったとしています。また、この配当原資としては、2024年に世を騒がせた大手損害保険会社の株式を政策目的で保有していたことから、売却することで捻出するべきとしています。

淀川製鋼所の事例（ストラテジックキャピタル）

　ストラテジックキャピタルは、淀川製鋼所へ2024年4月24日に書面を提出し、増配だけでなく、経営目標の修正も提案しました（なお、同日付の株主提案書面には増配の他にガバナンス上の提案が1つ記載されていましたが、後日取り下げています）。

　増配の具体的な内容や理由は、東亜道路工業の事例と似たようなものですが、この事例では、淀川製鋼所が設定していた中期経営計画のROE目標値

114　第5章　資本コスト経営とは何か

5％に対し、低すぎるという主旨の批判とともに、資本コストを上回る水準を設定すべきとする提案をしています。

当該中期経営計画は当初2023年5月10日に公表されましたが、ストラテジックキャピタルが約1年後の2024年4月24日に株主提案すると、淀川製鋼所は2024年4月25日付で、当該中期経営計画のROE目標を7％に上方修正する公表を行いました。なお、ストラテジックキャピタルによれば、淀川製鋼所の株主資本コストは9％程度と見ているようです。

また、ストラテジックキャピタルの株主提案の内容には、東亜道路工業の事例と同様に、淀川製鋼所が2024年3月末時点で東証開示要請への対応も未発表であったことも批判していましたが、淀川製鋼所は翌日の中計経営計画の上方修正と同時に、東証開示要請への対応も公表しています。

花王の事例（オアシス）

オアシスは、花王に対するキャンペーンサイトを2024年4月4日に立ち上げ、アクティビズムを開始しました。提案の内容は、主には事業方針に関するもので、その実行を担保するために執行役や社外取締役等の人事についても提案しています。キャンペーンサイトを引用すると、なかなか刺激的であり、現経営陣にとっては面白くないことは明らかです。

■キャンペーンサイトのフレーズ（引用）
「やる気のない経営陣」「花王の経営陣は努力すらしていません。」（P37）
「リーダーシップと監督機能の欠如」（P44〜P46）

これらの具体的な提案や批判の背景として指摘している事項には、グローバル競合企業に比して、コンシューマープロダクツ事業の業績や花王の株価パフォーマンスが低迷している点や、2017年度から継続してROEが下落し続け2023年度には5％を下回ったことなどの定量的な根拠を挙げています。

オアシスの株主提案やキャンペーンで注目すべきは、非常に高い分析力にあります。花王に対するキャンペーンについても、業績の競合他社比較にとどまらず、市場規模や商品性、花王の過去の発言内容についても徹底的に調べ上げ、世論を納得させてしまう内容に仕上げていることです。ビジネスコ

115

ンサルティング会社に依頼したような見やすいプレゼン資料は、読み物としても大変秀逸であり、アクティビストの主張を否定しきれない側面を認めざるを得ません。

また、オアシスの提案事項の1つに「情報開示の透明性を向上させる」という提案があります。オアシスによれば、花王が公表した中計や決算開示資料への質疑応答には、外部の人間からはなかなか理解しづらい独特の用語が多く、不明瞭であり、市場からの信頼を損ねているとも指摘しています。

3. 解説

3つの事例を紹介してきましたが、いずれの事例も ROE や株価・PBR に対する問題意識を強く訴求する内容です。アクティビストの行動は、割安な企業に投資してアクティビズムを通してリターンを得てエグジットするという非常にシンプルな行動原理に基づきます。

そこで着目すべきことは、彼らが低 ROE、低 PBR という世間に対しても理解されやすい指標を用いることです。アクティビストの要求自体は不合理ではありません。一般株主は低 ROE や PBR＜1倍の状況は改善すべきと考えていますし、アクティビストの要求が実現すれば株価が上がるという点も理解しています。そうすると、皮肉なことに、アクティビズム自体が株価上昇への期待を呼び、一般株主の買い注文を誘発するのです。アクティビズムがカタリスト（相場の変動要因）となっているのです。

ただし、アクティビズムが世間に受け入れられなければ効果が得られないので、アクティビズムは徹底的な調査・検討を経て行われます。上記にあげたアクティビズム事例も、非常に細かい調査に多大なコストがかかっていることが一目でわかります。アクティビストは投資ファンドという性格上、投資リターンを上げるために、ファイナンスやビジネスに精通した人材を活用して本気で調査・検討をしてきます。

このようなアクティビズムがいきなり自社にやってきたとしたら、大変な事態になることは想像に難くありません。その日に備えて、一刻も早く経営者は投資家と対話ができるファイナンスのリテラシーを身につけなければいけないのです。

116　第5章　資本コスト経営とは何か

4 資本コスト経営に関する誤解

　しかしながら、こうした社会の潮流に対して、依然として誤解をしているような言説が多く見られます。ここではそのうち、いくつかを紹介したいと思います。

1. 資本コスト経営は一過性のブームか

　表面的には、ROE、PBR、資本コストと重視すべきテーマが次々と入れ替わっているように見えるため、経営者のなかには「資本コストに関する要請もそのうちブームが過ぎて終わるだろう」と認識している人もいます。しかし、すでに述べてきたとおり、これらはすべてつながっており、大きな流れはずっと変わっていません。

　実際、東証開示要請においても、売上高や利益の水準だけではなく、資本コスト（WACC、株主資本コスト）、資本収益性（ROIC、ROE）、市場評価（株価・時価総額、PBR、PER）などの指標を用いた多面的な現状分析を要請しています。併せて、これらの指標を経営層が主体となって十分に意識することも求めており、企業において共通言語として用いられるような未来が描かれています。

2. 企業の個別性を無視しているか

　確かに、東証開示要請としてあげられた ROE ＜ 8％とか PBR ＜ 1 倍は、それだけ切り取れば、業種や企業の特性を無視し、画一的に基準を適用しようとしているように見えます。こうした東証の独断とも思える施策に反感を持つ経営者もいることでしょう。しかし、東証開示要請において、ROE や PBR などの指標を用いるかについて一律の定めはないと明言していることからもわかるとおり、杓子定規な開示を求めているわけではありません。

　コーポレートガバナンス・コードでも述べられているとおり、目的は中長期的な企業価値向上であり、資本コストや資本収益性などの指標は投資家と

117

コミュニケーションを行うための手段に他なりません。

　その点を踏まえると、むしろ東証開示要請に反感を持つ経営者ほど、積極的に取り組む必要があることになります。なぜなら、一律に基準が定められることに適さないような個別性・特殊性の強い企業であれば、そのことをより丁寧にわかりやすく投資家に伝えていかなければならないからです。仮に開示を行わなければ、投資家は少ない情報に基づいて画一的な判断をせざるを得ないでしょう。こうした問題を解決するためにも、経営者には、なぜ他の企業と自社の財務指標が異なるのかを理解し、説明する能力が必要なのです。

3. PBR＞1倍、ROE＞8％を達成できればいいのか

　ROE＞8％、PBR＞1倍はわかりやすい目安であるため、報道等でも頻繁に目にしますが、一方でそれらの数値が独り歩きし、議論が矮小化されている例も見られます。この点は東証も認識しており、例えば、2023年10月に公表した「『資本コストや株価を意識した経営の実現に向けた対応』に関する開示企業一覧表の公表等について」では、PBR＞1倍であっても開示要請を無視していいわけではないと警告しています。すでに述べたとおり、PBR＞1倍は経営者として達成すべき最低ライン（必要条件）であり、十分条件ではありません。

　また、ROEについても8％さえ達成すればいいというわけではありませんし、8％には理論的な根拠はありません。8％という水準を世に広めた伊藤レポートでは、次のように記載されています。

> 　「グローバルな機関投資家が日本企業に期待する資本コストの平均が7％超との調査結果が示された。これによれば、ROEが8％を超える水準で約9割のグローバル投資家が想定する資本コストを上回ることになる」

　このように、ROE8％というのは資本コストありきの水準なのです。
　また、8％を達成していれば問題ないわけではないこと、一律に適用すべき

118　第5章　資本コスト経営とは何か

ものではないことについても言及されています。

> 「個々の企業の資本コストの水準は異なるが、グローバルな投資家と対話をする際の最低ラインとして8%を上回るROEを達成することに各企業はコミットすべきである。さらに自社に適した形で水準を高め、持続的な成長につなげていくことが重要である。」

　仮に資本コストが10%ならば、目指すROEが8%というのは明らかに不十分であり、たとえば12%程度を目指さなければならない可能性があります。逆に資本コストが4%ならば、ROEは8%より低くてもいいかもしれません。いずれにしても、これらの水準は投資家が期待する目線を踏まえる必要があり、8%という水準はあくまで目安でしかないということを認識することが重要と思われます。

5 資本コスト経営とは 投資家との共通言語による会話

1. 資本コスト経営までの道のり

　2024年、日経平均がバブル期以降の高水準を付け、ついに過去最高値である4万円を突破したというニュースが世間を騒がせました。

　直近の株式市場の隆盛の背景に、2023年3月に東証から公表された「資本コストや株価を意識した経営の実現に向けて」(東証開示要請)が大きく影響していると考えています。要請の具体的内容は第6章で詳述しますが、東証プライム及び東証スタンダードに上場する全企業が、この東証要請を受けて自社の資本コストについての認識の開示が義務付けられました。

　東証からすれば、東証開示要請は、2015年のコーポレートガバナンス・コードの導入から2021年の改訂、2022年の東証市場再編と上場維持基準の改訂に至る一連の取り組みの集大成に位置づけられる資本市場の改革プロジェクトです。前節でみたように、日本の株式市場は、失われた30年において、蓄積した利益を企業価値の向上に資する投資に回さず、投資家にとって

は不効率で魅力のない市場として捉えられていました。このような状況を打開するべく、矢継ぎ早にさまざまな一連の施策を実施してきているのです。

そもそも東証が資本コストについて言及し始めたのは最近の話ではなく、コーポレートガバナンス・コード（2021年6月改訂）において定められた「自社の資本コストを的確に把握した上で、収益計画や資本政策の基本的な方針を示す」との原則に従ったものにすぎません。こうした方針自体は2013年6月に安倍晋三政権で閣議決定された「日本再興戦略」から続く一連の流れに位置づけられるものであり、「資本コスト経営要請」はその集大成といえるでしょう。

2013年6月	日本再興戦略：コーポレートガバナンスの強化を成長戦略の施策に
2014年2月	日本版スチュワードシップ・コード（金融庁）
2014年8月	伊藤レポート公表
2015年6月	コーポレートガバナンス・コード策定
2018年	コーポレートガバナンス・コード改訂
2021年6月	コーポレートガバナンス・コード再改訂
2022年4月	市場をプライム、スタンダード、グロースに再編
2023年3月	資本コストや株価を意識した経営の実現に向けた要請

これら一連の施策のうち、上場維持基準の改訂と東証開示要請を踏まえると、上場企業としてふさわしくない企業には資本市場からの退出要請も辞さないという東証の覚悟が明確に見えてきます。

2. 上場維持基準の改訂

2022年4月東証から「上場維持基準の概要」が発表され、各市場に、流通株式時価総額、流通株式比率などいくつかの定量的な基準が設けられました。

一言でいうと、株式の流動性が低い銘柄についてメスを入れる内容です。流動性が高い銘柄は、多くの投資家による多くの売買注文があるので、通常は即座に売買できます。しかし流動性が低い銘柄は、売りたい、または買い

たいと思っても、対応する売買注文が無いことで、売買が成立しません。このような銘柄は、その銘柄に関連する経済情報が手に入ったときに、売買しようと思ってもできないため、投資先としての魅力が減少し、本来の価値水準よりも価格は低迷しがちになります。これが流動性の問題です。

　日本市場は、先ほど見たように経済規模に比して非常に多くの企業が上場し、その多くは規模が小さくかつ流動性に問題がある銘柄です。東証もこれを問題視しています。そのため、東証は上場維持基準を引き上げ、日本市場を活性化させようとしているのです。

　2025年3月以後に到来する基準日からは本来の上場維持基準の適用が開始され、1年間の改善期間を経ても基準に適合しない場合は管理銘柄・整理銘柄指定を経て上場廃止となります。その中、2024年12月16日に東証より公表された経過措置企業一覧によると、プライム銘柄で68社、スタンダード銘柄で155社、グロース銘柄で47社が経過措置の適用を受け、それぞれの基準日において、本来の上場維持基準に適合していない状況にあります。つまり、現在200社以上が、何らかの対策をして上場維持基準を満たすか、維持基準を満たせず上場廃止を待つか、または自社で身売りをして非公開化をするか等の選択を迫られている状況です。

	プライム市場	スタンダード市場	グロース市場
株主数	800人以上	400人以上	150人以上
流通株式	2万単位以上	2,000単位以上	1,000単位以上
流通株式時価総額	100億円以上	10億円以上	5億円以上
流通株式比率	35%以上	25%以上	25%以上
売買代金（単位）	1日平均売買代金が0.2億円以上	月平均売買高が10単位以上	月平均売買高が10単位以上
純資産の額	純資産の額が正であること	純資産の額が正であること	純資産の額が正であること
時価総額			40億円以上 （上場10年経過後から適用）

（出所）東証資料

3. 共通言語を使った対話

　つまるところ、資本コスト経営とは資本コストやROEといった共通の言語を使って、投資家との対話を積極的に行うことです。それにより、情報の非対称性が解消し、市場価格と本源的価値が一致するのです。実際に東証も東証開示要請において投資家との積極的な対話を促しつつ、これと合わせて「株主との対話の推進と開示について」を公表するなど、経営者と投資家のコミュニケーションを重視しています。このことは伊藤レポートやコーポレートガバナンス・コードにおいても一貫して求められてきました。東証の本気度を踏まえると、投資家との対話なき経営は今後淘汰されていくでしょう。

　これまでを総合すると、投資家の期待を踏まえた開示や対話を充実させることと流動性を増やすことが上場を継続できるか否かの分水嶺になります。つまり、きちんとした資本コストの分析・評価を行いつつ今後の方針も含めたわかりやすい開示や対話を行うことは上場企業として不可欠の要素になります。逆に、このような投資家の要求に応える姿勢を持たない上場企業は市場において評価されず、企業価値の低下を招く可能性があります。その場合は、株価が低迷するのみならず、時には投資家から表立って是正を要求されることもあるでしょう。その典型がアクティビストと呼ばれる、経営効率改善などを目的として積極的に関与しようとする株主なのです。

122　第5章　資本コスト経営とは何か

第 **6** 章

東証開示要請に
正しく向き合うには

COST OF CAPITAL
MANAGEMENT

1 東証開示要請の概要

ここまで資本コストや本源的価値の考え方について説明してきました。本章では改めて資本コスト経営を実践していくために実務的に何から手をつけたらいいのか、について解説していきます。

まずは東証開示要請の内容を振り返っていきましょう。

東証は2023年3月に「資本コストや株価を意識した経営の実現に向けた対応について」と題した要請（**東証開示要請**）を出して、プライムとスタンダードの全上場企業に対して、「資本コスト経営」の開示を行うよう要請しました。

東証の問題意識としては、「プライム市場の約半数、スタンダード市場の約6割の上場会社がROE8％未満、PBR1倍割れと、資本収益性や成長性といった観点で課題がある状況」が出発点となっています。この記載が後に世に誤解を生むきっかけにもなったのですが、それはまた後述します。

東証の公表資料では要請の概要は以下のように図解されています。

資本コストや株価を意識した経営の実現に向けて求められる対応

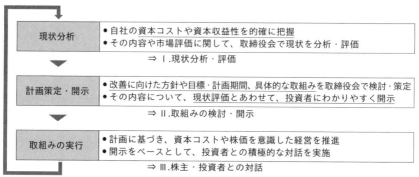

(出所) 東証「投資者の視点を踏まえた『資本コストや株価を意識した経営』のポイントと事例」(2024年2月1日)

これを整理して説明すると以下の手順になります。

STEP（1）現状分析

出発点は「**資本コストと資本収益性を的確に把握**」することです。
具体的には資本コストや ROE など自社にあった指標を選択し数値を把握し、資本コストを上回る資本収益性が実現しているか分析しなければいけません。

STEP（2）計画策定・開示

STEP（1）の現状分析の結果、設定したさまざまな目標（ROE など）と現状のギャップがあれば、そのギャップの発生原因を分析し、「**改善に向けた方針や目標・計画期間、具体的な取組み**」を検討して計画を策定し、「**投資者にわかりやすく開示**」します。

STEP（3）取組みの実行

STEP（2）で策定した計画を実行していきます。そして、開示した内容をベースに「**投資者との積極的な対話**」を実施していきます。

STEP（4）毎年の更新

この取組みは一度開示したら完了ではもちろんありません。年1回以上、取組みの結果を踏まえて計画をアップデートしていく、つまり、**STEP（1）～（3）を毎年繰り返していく**ことが要請されています。

125

2 東証開示要請の変遷
——開示から中身へ

1. まずは"開示"より始めよ

　当時、東証の関心事は「開示の有無」でした。2023年10月に「『資本コストや株価を意識した経営の実現に向けた対応』に関する開示企業一覧表の公表等について」が公表され、2024年1月から<u>開示している企業の一覧表を開示する</u>という取組みを開始すると発表されました。

　実際のところ2023年3月の要請以降、この時点までに東証開示要請に対応できていた企業は多くはありませんでした。

　東証開示要請から約4カ月後の7月の段階で開示に対応できていた企業は、プライムで20%、スタンダードではわずか4%でした。このような状況に憂

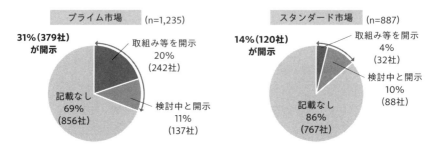

「資本コストや株価を意識した経営の実現に向けた対応」に関する開示状況

(注) 3月期決算企業を対象に、2023年7月14日時点のコーポレート・ガバナンス報告書等の内容に基づき集計
(出所) 東証「『資本コストや株価を意識した経営の実現に向けた対応』に関する開示企業一覧表の公表等について」(2023年10月26日)

PBR/時価総額水準別の開示状況（プライム市場）

◆ PBR/時価総額水準別に開示状況を見ると、**PBRが低い企業/時価総額が大きい企業ほど開示が進展**
- PBR1倍未満かつ時価総額1,000億円以上のプライム市場上場会社では、**45%が開示**
- 一方で、**PBRが高い企業/時価総額が小さい企業では、相対的に開示が進んでいない状況**

PBR/時価総額水準別の開示状況（プライム市場）

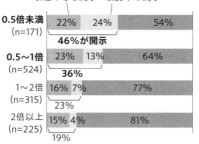

クロス集計

時価総額 \ PBR	1倍未満	1倍以上
1,000億円以上	**45%が開示** 取組み等を開示：31% 検討中と開示：14% (n=240)	**26%** 取組み等を開示：21% 検討中と開示：5% (n=301)
250～1,000億円	**39%** 取組み等を開示：22% 検討中と開示：17% (n=319)	**15%** 取組み等を開示：9% 検討中と開示：6% (n=165)
250億円未満	**25%** 取組み等を開示：12.5% 検討中と開示：12.5% (n=136)	**15%** 取組み等を開示：8% 検討中と開示：7% (n=74)

（注）3月期決算企業を対象に、2023年7月14日時点のコーポレート・ガバナンス報告書等の内容に基づき集計
（出所）東証「『資本コストや株価を意識した経営の実現に向けた対応』に関する開示企業一覧表の公表等について」（2023年10月26日）

127

慮して東証は開示企業を名指しで公表するという異例の施策に踏み切ったものと推測されます。

このような状況になってしまった原因のひとつとして、東証開示要請の対象が誤解されてしまったということが挙げられると思われます。東証の要請が「PBR1倍未満の企業」に対してだけ行われたと勘違いされたということです。東証開示要請の冒頭に「プライム市場の約半数、スタンダード市場の約6割の上場会社がROE8%未満、PBR1倍割れと、資本収益性や成長性といった観点で課題がある状況」と記載されたことにより、これを受けた各種経済紙に「東証がPBR1倍割れ企業に対するテコ入れを開始した」というようなニュアンスの報道が多くなされました。

これを読んだ多くの上場会社担当者は「うちはPBR1倍超えているから関係ない」と勘違いしてしまったのです。

事実、当時PBR1倍を割れている企業から開示が進んでいきました。

以来、東証はPBR1倍やROE8%を超えていても資本コスト経営の実現は必要であるとの周知を繰り返しています。東証資料においても次の通り国内機関投資家の意見が記載されています。

> PBRやROEが低い企業は真摯に取り組んでいる一方で、報道内容だけ見て、PBRが1倍を超えていれば関係ないと、経営者が東証の要請の趣旨を誤認しているケースも多い。また、特に市場関係者との接点が少ない地方の会社では、経営者が東証の要請を把握していない場合もあり、引き続き要請内容の周知が必要（国内機関投資家）

(2023年10月26日「資本コストや株価を意識した経営の実現に向けた対応」に関する開示企業一覧表の公表等について) より一部抜粋

2. 開示有無より中身が重要

東証の注意喚起と取組みを行う上場企業の名称の開示は抜群に功を奏しました。約1年後である2024年7月末の開示状況は以下のように変化しました (2024年8月「資本コストや株価を意識した経営の実現に向けた対応」に関する今後の施策について)。

1年間で開示が行われた企業はプライムで78%、スタンダードでも31%に

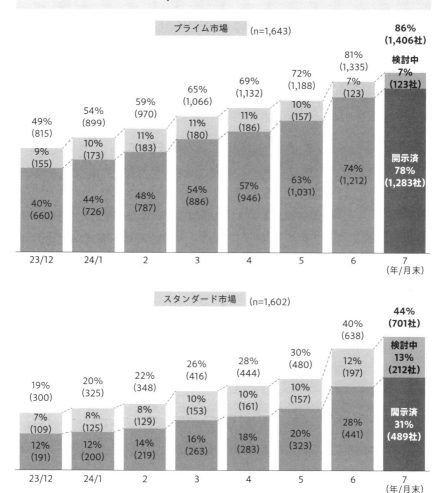

まで増加しました。検討中の企業も加えると、プライムで86%、スタンダードで44%の企業が東証開示要請に対応／検討を行った状況になりました。

その一方で、東証の焦点は「開示されているかどうか」から「開示の中身」に移っていきました。なぜなら、形式面だけ整えて「開示済」と称する上場企業が大量に発生したのです。

2024年8月に東証から出された「『資本コストや株価を意識した経営の実現に向けた対応』に関する今後の施策について」の要点は以下のとおりです。

投資家等からの厳しいフィードバック

- **真摯に取り組む企業と表面的に取り組む企業の二極化**が進んでいる（海外投資家）＜投資者との目線のズレについて投資者等からの声＞
- ROE 目標があまりに低く設定されるなど、目標設定の水準に違和感をおぼえることがある。**恐らく資本コストを内部で低めに見積もり、それを超えているから良しとしているのではないか**
- **資本コストの開示も行っていないため、投資者としては評価することもできない**

東証スタンスの厳格化

- 多くの企業で開示が始まるなど、取組みへの着手が進んでいるものの、取組みを進める企業において**投資者との目線にズレがある**など課題が存在と指摘。東証は、課題把握のために国内外の機関投資家や、上場企業をサポートする証券会社、信託銀行・コンサルティング会社、シンクタンク等の幅広い関係者（計60社超）と意見交換を行った。
- 東証としては、投資者との目線のズレを解消するための、検討材料を提供。投資者が期待するポイントを押さえた事例とともに、投資者の目線とギャップのあるポイント・類型化した事例も拡充する方針。
- 東証は、この方針により、上場企業と投資者との建設的な対話を通じて企業価値向上が図られるための環境整備にさらに注力し、**その結**

> 果、上場維持コストが増加し、非公開化という経営判断が増加することも想定されるが、東証としてはそうした判断も尊重するという立場である。

開示企業の仕分け

このような状況を改善するため東証は上場企業を3つのグループに分けてそれぞれに対する課題を整理すると発表しました。

「投資者の目線とズレた取組み」（いわゆる形式的な開示）を行う企業を「**企業群②今後の改善が期待される企業**」と表現しています。

さらに2024年11月には、2024年2月に開示していた開示の好事例集をアップデートし、あわせて「投資者の目線とギャップのある事例」、つまり「**ダメ事例**」集を公表しました。

「資料1_ポイント・事例集の使い方ガイド」では「**Step1. 投資者の目線とのギャップを知る**」として、上記「**企業群②**」をさらに3つの「**レベル**」に

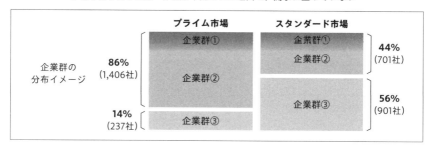

（出所）東証「投資家へのヒアリング結果」（2024年8月30日）

分類して表現しました。

レベル1	現状分析や取組みの検討が十分でない状況
レベル2	現状分析や取組みの内容が投資者に評価されていない状況
レベル3	投資者から一定の評価を得たうえで、さらなる向上が求められる状況

　企業の担当者は、東証の分類による「**企業群②**」に分類されないように、さらにその中でも「**レベル1**」や「**レベル2**」に分類されないように自社の開示を省みる必要があります。

　そのために最初に検討すべきは「現状分析」が適切に行われているかです。ここができていなければ「**レベル2**」に進むことすらできず「**レベル1**」の

ポイント・事例集の使い方ガイド

Step1.　投資者の目線とのギャップを知る

投資者の目線とギャップのある事例

取組みの状況に応じて生じやすい
ギャップと見比べて、自社の取組みを点検

レベル1　現状分析や取組みの検討が十分でない状況

- **現状分析・評価が表面的な内容**にとどまる
- **取組みを並べるだけ**の開示となっている
- 合理的な理由もなく、**対話に応じない**

レベル2　現状分析や取組みの内容が投資者に評価されていない状況

- **現状分析**が投資者の目線と**ズレている**
- **目指すバランスシートやキャピタルアロケーション方針が十分に検討されていない**
- **目標設定**が投資者の目線と**ズレている**
- **課題の分析や追加的な対応の検討を機動的に行わない**

レベル3　投資者から一定の評価を得たうえで、さらなる向上が求められる状況

- **不採算事業の縮小・撤退の検討**が十分に行われていない
- **業績連動の役員報酬が、中長期的な企業価値向上に向けたインセンティブ**
  となっていない
- **対話の実施状況の開示**が具体性に欠ける

（出所）東証「ポイント・事例集の使い方ガイド」（2024年11月21日）

132　第6章　東証開示要請に正しく向き合うには

ままとなってしまいます。

3. 現状分析が鬼門

それでは、投資者が企業に期待する「現状分析」から見ていきましょう。
東証は次の通り「現状分析」を資本コスト経営の第一歩と位置づけています。

> **「資本コストや株価を意識した経営」の主目的**は、資本コストや資本収益性を十分に意識したうえで、成長投資や事業ポートフォリオの見直し等の抜本的な取組みを推進することにより、**中長期的な企業価値向上と持続的な成長を実現**することですが、**その実現に向けた第一歩が、現状の分析と評価**です。

（2023年3月31日_資本コストや株価を意識した経営の実現に向けた対応について）より一部抜粋

> - まずは、資本収益性を評価するために必要となる**資本コストを的確に把握**することが必要となりますが、その際、<u>**投資者の視点から資本コストを捉えること**</u>が期待されています。
> - 資本収益性や市場評価に関して、**取締役会で現状を分析・評価**することが求められますが、その際、単に足元のPBRが1倍を超えているか、ROEが8％を超えているか、というだけではなく、資本収益性や市場評価に関して、<u>**投資者の視点を踏まえて多面的に分析・評価する**</u>ことが期待されています。
> - 「資本コストや株価を意識した経営」の本質は、中長期的な企業価値向上に向けた**「経営資源の適切な配分」**を実現することであり、上記の分析・評価とあわせて、価値創造に向けて自社の<u>**バランスシートが効率的な状態となっているか点検する**</u>ことも期待されています。

同上。下線は筆者による加筆

手順は①「投資者の視点から資本コストを捉える」、②「投資者の視点から多面的に分析・評価する」、③「バランスシートの効率性を点検する」、の

133

順番です。

　多くの企業がレベル2に進めずレベル1にとどまってしまう（またはレベル1にも進めず、企業群③にとどまってしまう）理由は、この一丁目一番地である、まずやるべき「現状分析」の、その中でもまずやるべき「投資者の視点から資本コストを捉える」が、そう簡単ではないからというのが大きな要因ではないでしょうか。

　この点について東証開示要請では以下のように記載されています。

「現状分析」にあたってのポイント・留意事項

現状分析に用いる指標の例		
資本コスト	**資本収益性**	**市場評価**
● **WACC**（負債-株式の加重平均資本コスト） ● **株主資本コスト**（投資者の期待リターン）など	● **ROIC**（投下資本利益率） ● **ROE**（自己資本利益率）など	● **株価・時価総額** ● **PBR**（株価純資産倍率） ● **PER**（株価収益率）など

※どの指標を用いるかについて一律の定めはありませんが、投資者ニーズ等を踏まえ、ご検討ください。
(出所) 東証「資本コストや株価を意識した経営の実現に向けた対応について」（2023年3月31日）

どの指標を用いるかについて一律の定めはありませんが、投資者ニーズ等を踏まえ、ご検討ください

　指標の選択は企業に委ねられています。ただし、投資者のニーズ等を踏まえることが要請されています。

　「資本コストは、現状分析を目的として把握をお願いするものであり、必ずしも精緻に算出していただくことが目的ではありません。」とも補足されていますが、実際には開示すると「投資者の目線とズレている」などの指摘を受けてしまいます。

　要するに東証の資本コストに関する要請については、**「WHAT（やるべきこと）」**は挙げられていますが、**「HOW（どのようにすべきか）」**は明示されていないのです。

134　第6章 東証開示要請に正しく向き合うには

それゆえ、ある意味では東証開示要請において、入口の「現状分析」が一番難しいとも言えます。まさに本書を読んで資本コストに関する理解を深めていただきたいのと、その上で事例に即した具体的にどのようにしたらいいかの解説を第4節「実践：東証開示要請への効果的な対応」の中で行っていきます。

4. "検討中""アップデート"にも期限あり

　具体的な対応方法の解説の前の本項の最後に、「アップデート」と「検討中」についてふれます。これらに関して2024年9月に「『資本コストや株価を意識した経営の実現に向けた対応』に関する開示企業一覧表の見直しについて」が公表されました。繰り返しですが、東証開示要請では、毎年1回以上の「アップデート」が要請されています。

　この発表のとおり、東証は2025年1月より開示企業一覧表の内容を更新し、「開示内容のアップデート日」も一覧に掲載されるようになりました。

　一度開示を行って「開示済」の仲間入りを果たして、一安心していた企業ももしかしたらいるかもしれません。しかし、年1回のアップデートに取り組まなければ、そのことが世に公表されてしまうことになりました。アップデート日付まで開示企業一覧で公表されるようになったのです。

　「検討中」と開示してその後なにも開示していない企業も実際のところ100社以上いるかもしれません。こういった行為を防止するため、次の図の通り東証は「検討中」と表示できる期間に制限を設けました。期間を経過して対応済み企業から消えてしまうと、その場しのぎで「検討中」と開示した企業であるとのそしりを受けかねません。いきなり100点満点を取るのはどの企業でも難しいことですので、できるところから順番に分析検討し、開示することから始めてみてはいかがでしょうか。

135

「資本コストや株価を意識した経営の実現に向けた対応」に関する開示企業一覧（部分）

2025/1/31時点

業種コード	業種	市場区分	証券コード	銘柄名	開示状況		開示内容のアップデート日	機関投資家からのより活発なコンタクトを希望			英文開示
					要請に基づく開示状況	前月からの開示状況の変更		申請状況	掲載開始日	コンタクト先	
50	水産・農林業	プライム	1301	極洋	検討中						
50	水産・農林業	プライム	1332	ニッスイ	開示済						有
50	水産・農林業	プライム	1333	マルハニチロ	開示済						
50	水産・農林業	プライム	1375	雪国まいたけ	開示済						有
50	水産・農林業	プライム	1377	サカタのタネ	開示済						有
50	水産・農林業	プライム	1379	ホクト	開示済						
50	水産・農林業	スタンダード	1384	ホクリヨウ	開示済						
1050	鉱業	プライム	1515	日鉄鉱業	開示済			○	2025/1/15	経営企画部広報・IR課	有
1050	鉱業	プライム	1605	INPEX	開示済		2024/8/8				有
1050	鉱業	プライム	1662	石油資源開発	開示済						有
1050	鉱業	プライム	1663	K&Oエナジーグループ	開示済		2024/11/12				
1050	鉱業	スタンダード	1514	住石ホールディングス	開示済						
2050	建設業	プライム	1414	ショーボンドホールディングス	開示済						有
2050	建設業	プライム	1417	ミライト・ワン	開示済		2024/11/22				有
2050	建設業	プライム	1419	タマホーム	開示済						

（出所）東証 「『資本コストや株価を意識した経営の実現に向けた対応』に関する開示企業一覧表（2025年1月末時点）」（2025年2月14日公表）
太枠は筆者による加筆

(出所）東証「『資本コストや株価を意識した経営の実現に向けた対応』に関する開示企業一覧表の見直しについて」(2024年9月27日)

3 「好事例」と「ダメ事例」

1.「好事例」と「ダメ事例」とは何か

　「開示済み」の企業は一定の割合まで増えてきましたが、前節で説明したとおり表面的な内容にとどまっているとの指摘が多く行われていて、東証は「開示の中身」の改革を進めています。

　実際に開示の態様も実にさまざまで、決算説明会資料や企業のホームページに資本コストに対する取組みを詳細に説明している企業もあれば、コーポレートガバナンス報告書の「資本コストや株価を意識した経営の実現に向けた対応」の欄にわずか2～3行程度、資本コストを上回る資本収益性を目標とするとだけ記載して「開示済み」と称している会社も多数見受けられます。

　東証は不十分な開示を行う企業の改善を促すため、2024年11月21日に「投資者の目線とギャップのある事例」との資料を公表し、よくある「**ダメ事例**」を抽象化して例示的に複数示すとともに、「投資者のコメント」としてどのように改善が求められているかを解説しています。また、同時に「事例集」として**好事例集**の更新版も公表し、模範的な開示と評価される事例の紹介も行っています。好事例集に掲載された企業の株価は、東証開示要請後にプライム市場では49.95％、スタンダード市場では81.52％も株価が上昇したそう

です。

　ダメ事例として挙げられている以下の2つの指摘は、相当多くの企業が当てはまってしまうのではないかと思います。

ダメ事例　中期経営計画等のリンクを提示するだけ

―― **事例b**（実際の開示例を元に加工）――

資本コストや株価を意識した経営の実現に向けた対応
当社では、中長期的な企業価値上に向けて、2022年度にスタートした「第○次中期経営計画」（2024年度まで）に基づき、取組みを進めております。
（過去に公表した中期経営計画のURLを掲載）
※リンク先の中期経営計画を見ても、資本収益性や資本コスト、市場評価を意識した分析・評価、取組みはほぼ見られない

投資者のコメント

☑ 過去に発表した中期経営計画等のリンクを提示するだけの開示で、リンク先の資料を見ても、十分な検討を行っているとは言い難く、経営層の危機感が弱いと感じてしまう。また、株価（市場からの評価）には、中期経営計画よりも長い期間の収益性・将来性等が反映されるものであり、期間のスコープにもズレがある

⇒ 必ずしも中期経営計画の枠組みにとらわれることなく、将来のビジョンを踏まえて現在の取組状況や進捗が投資者の期待に応えられているのか検証し、改善の必要があれば、積極的に見直しを行っていくことが期待される

（出所）東証「投資者の目線とギャップのある事例」（2024年11月21日）より作成

ダメ事例　具体性のない取組みの項目を列記するだけ

────── **事例**（実際の開示例を元に加工）──────

企業価値向上の実現に向けて、以下の取組みを行ってまいります。

1. 収益力の向上
中期経営計画に掲げた各種戦略を着実に展開し、収益力を強化

2. 成長投資
〇〇事業を当社の新たな成長事業と位置付け、取組みを加速

3. 株主還元の拡充
現在の配当水準を基本とし、利益増加により得た資金については、成長投資と配当に振り分け

4. コーポレート・ガバナンスの強化
経営陣の指名と報酬に関する透明性と客観性を高め、ステークホルダーの期待に応えることを目的に、指名・報酬委員会を設置

5. IR活動の強化
当社の市場認知度を向上させるため、各種媒体を通じた情報発信、決算説明会や投資者との個別ミーティングを拡充

※その他の開示資料でも、上記取組みに関する定量的な説明は無し

投資者のコメント

☑ 他社でも当てはまるような具体性のない取組みが並び、定量的な説明もないため、将来の企業価値向上にどのように寄与するのか判断ができない

⇒ 定量的に示すことが難しい場合であっても、各取組みがどう課題を解決し、どのような経路で企業価値向上に寄与していくのか、企業・経営者としての考えをできるだけ具体的に、わかりやすく示すことが期待される

（出所）東証「投資者の目線とギャップのある事例」（2024年11月21日）より作成

　「ダメ事例」「好事例」いずれの資料も視点ごとに整理されて解説されており、示唆に富んだ内容となっています。実際に初めて開示を検討している企業の担当者からは「急に言われても何から検討したらいいのかわからない」という声をよく聞きます。そこでここでは、両資料の視点を改めて整理した上で、「ダメ事例」と「好事例」を比較しながら解説をしていきます。

2.「ダメ事例」と「好事例」の視点

「好事例集」の視点

　「好事例集」では、好事例と評価される視点が以下の12個に整理されてい

ます。

> **Ⅰ．現状分析・評価**
> ① 投資者の視点から資本コストを捉える
> ② 投資者の視点を踏まえて多面的に分析・評価する
> ③ バランスシートが効率的な状態となっているか点検する
>
> **Ⅱ．取組みの検討・開示**
> ④ 株主・投資者の期待を踏まえた目標設定を行う
> ⑤ 経営資源の適切な配分を意識した抜本的な取組みを行う
> ⑥ 資本コストを低減させるという意識を持つ
> ⑦ 中長期的な企業価値向上のインセンティブとなる役員報酬制度の設計を行う
> ⑧ 中長期的に目指す姿と紐づけて取組みを説明する
>
> **Ⅲ．株主・投資者との対話**
> ⑨ 経営陣・取締役会が主体的かつ積極的に開示する
> ⑩ 株主・投資者の属性に応じたアプローチを行う
> ⑪ 対話の実施状況を開示し、さらなる対話・エンゲージメントにつなげる
> ⑫ 目標設定や取組みを継続的にブラッシュアップする

「ダメ事例集」の視点

「ダメ事例集」のほうは、第1節で解説した「レベル」に分けて解説されています。

> **レベル1（現状分析や取組みの検討が十分でない状況）**
> ① 現状分析・評価が表面的な内容にとどまる
> ② 取組みを並べるだけの開示となっている
> ③ 合理的な理由もなく、対話に応じない
>
> **レベル2（現状分析や取組みの内容が投資者に評価されていない状況）**
> ① 現状分析が投資者の目線とズレている

② 目指すバランスシートやキャピタルアロケーション方針が十分に検討されていない

③ 目標設定が投資者の目線とズレている

④ 課題の分析や追加的な対応の検討を機動的に行わない

レベル3（投資者から一定の評価を得たうえで、更なる向上が求められる状況）

① 不採算事業の縮小・撤退の検討が十分に行われていない

② 業績連動の役員報酬が、中長期的な企業価値向上に向けたインセンティブとなっていない

③ 対話の実施状況の開示が具体性に欠ける

ただ、「好事例集」に掲載された42社の中ですべての項目に◎が付いている会社は1社もありません。多い会社でも5個です。初めて東証開示要請に向き合う企業は、12個の項目からどの項目に注力するかを検討してから案の検討に入る手順が進めやすいかもしれません。後で解説する「ダメ事例集」は反面教師的に使えばよいので、まずは好事例集の項目を選択した後、自社の状況に即して開示案を検討してから、ダメ事例に該当するような内容になっていないかをネガティブチェックするように利用すればよいと思います。

4 実践：東証開示要請への効果的な対応

いよいよ、東証の「資本コスト経営」への要請に対して、具体的にどのように対応すべきか解説します。そもそも東証は開示に関して決められたフォーマットを提示していないので、どう対応したらよいかイメージが沸かない企業が多いです。ここでは、東証の「好事例」、「ダメ事例」を参考に、「何をしたらよいのか（好事例）」、「何をすべきではないのか（ダメ事例）」についてポイントを整理していきます。

1. 現状分析・評価

現状分析・評価は、後に続く計画策定・開示、取組みの実行の起点ですか

141

ら、ここが正しく分析できていなければ投資者から良い評価が得られること
は望めません。

---

①投資者の視点から資本コストを捉える

②投資者の視点を踏まえて多面的に分析・評価する

③バランスシートが効率的な状態となっているか点検する

　ポイントは3つ、①「資本コスト」②「多面的な分析」③「バランスシートの点検」です。

投資者の視点から資本コストを捉える

　この中でもすべての起点となる①「資本コスト」については、ダメ事例集に掲載される18事例の中で3つにわたって解説されています。すべての起点でありながら最も難易度が高いのが資本コストであるといえるかもしれません。

ダメ事例　資本コストの具体的開示がない

　具体的な資本コストが言及されていない事例です。実際のところ資本コストの数値を初めて開示するのは勇気がいるのかもしれません。しかし、投資者との対話や今後の取組みを検討する上でのすべての起点ですから、しっかりと向き合って検討し、開示するほかないと考えられます。

―― **事例**（実際の開示例を元に加工）――

資本コストや株価を意識した経営の実現に向けた対応

当社は、毎事業年度の期末決算確定後、外部専門家の協力を得て資本コストを算定し、取締役会に報告しています。取締役会は、直近事業年度を含め継続的に、資本コストを上回る資本収益性が確保されていることを確認しています。

※ 資本収益性/資本コストの具体的な水準や目標設定への言及無し

投資者のコメント

☑ 「資本コストを上回る資本収益性が確保されていることを確認している」という記載だけでは、具体的にどのような確認を行ったのか、中長期的にどのような姿を目指すのかがわからず、対話の深化につながらない

⇒ 資本コストを上回る資本収益性を確保するだけで満足せず、さらなる向上を目指して目標設定・取組みの検討を進めていくことが期待される

（出所）東証「投資者の目線とギャップのある事例」
　　　　（2024年11月21日）より作成

142　第6章　東証開示要請に正しく向き合うには

ダメ事例　資本コストが低すぎる

　「開示した資本コストが低すぎる」というケースです。ROEを上げていくのが難しいと考えている企業にとって、資本コストが高いことと向き合うのは心理的に抵抗があるというケースを何度も見てきました。しかし、実際にPBRが適切と考えられない水準になっている場合にはしっかりと向き合って開示しなければ、その先の改善、投資者との対話に進むことはできません。

　投資者のコメント欄では、CAPM以外の方法も検討すべきこと、時系列的に過去の実績値と向き合うべきことが示唆されています。第3章で解説したとおり、資本コストの検討にあたっては複数の方法で比較検討し、手法によって差異が出る場合にはその要因を分析していずれの値が適切かを検討するプロセスが必須となります。

　また、CAPMもそれ以外の方法も時系列的に見ると大きく変化することもよくあります。過去の数値と比較をし、現状が異常な値となっていないかを確認することも非常に重要です。このようなプロセスを踏むことによって初めて、さまざまな指摘や質問に対し、十分説得力をもって説明をすることが可能となるのです。

――――― **事例**（実際の開示例を元に加工）―――――

当社のROEは概ね3％台と低位に推移し、PBRも1倍を下回っている状況が続いております。
（略）
2027年に到達する目標として、ROE5％を目指し、今後の事業のさらなる成長と収益性向上を図るため、中期経営計画で掲げる取組みを進めてまいります。
※ 資本コストへの言及は無し

投資者のコメント

☑ 設定しているROE目標が、資本コストよりも低い水準となっている可能性がある

⇒ 自社の資本コストをきちんと把握したうえで、それを上回る目標を設定し、開示の中で資本コスト水準と目標との関係性に言及することが期待される

（出所）東証「投資者の目線とギャップのある事例」（2024年11月21日）より作成

143

―――― **事例**（実際の開示例を元に加工）――――

資本コストや株価を意識した経営の実現に向けた対応

当社のROEは5.0%と、CAPMで算出した株主資本コスト4.0%を超過しています。

また、直近のPBRは1.1倍で、1倍を超えて推移しています。

当社では、引き続き、資本コストや株価を意識した経営を推進してまいります。

投資者のコメント

☑ 投資者が認識する水準から乖離した株主資本コストを用いており、実効的な目標設定や取組みにつながらない

⇒ CAPMでは投資家の想定よりも低い値となることがよくあるため、その他の算出方式もあわせて用いることや、投資者に意見を聴くなど、投資者との目線にズレが無いかを確認することが考えられる

☑ ROEが株主資本コストを少し超えていれば、もしくは、PBRが1倍を少し超えていれば、さらなる収益性や市場評価の向上を目指す必要はない、ということではない

⇒ 過去との比較といった時系列の分析も行いつつ、現状から更に向上していくための積極的な取組みを期待している

（出所）東証「投資者の目線とギャップのある事例」（2024年11月21日）より作成

　これらの課題に向き合って「好事例」と評価されている事例を3例紹介します。

好事例　CAPMのパラメータまで開示、資本コストに対するROE実績値と将来目標が視覚化
〈テクノスマート〉

当社の株主資本コスト(参考値)の前提について

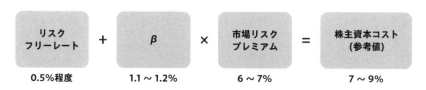

- 客観的な資本コストの参考値の一つとしてCAPMを使用
- リスクフリーレートは国内の長期金利を使用
- β値については当社の2年週次βや同業種βを使用

持続的に株主資本コストを上回るROE水準を目指す

目標ROEと株主資本コスト

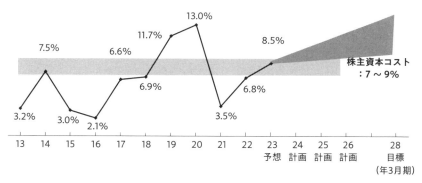

（出所）東証「事例集　スタンダード市場編」(2024年11月21日)で紹介されたテクノスマートの事例

　CAPMによる各パラメータの数字を表示した上で、算出される株主資本コストが幅で表現されています。単に算出結果だけを開示する例も多いですが、根拠となる計算過程をきちんと示すことで、数値に向き合う姿勢のみならず、投資者との対話に向き合う姿勢もアピールすることにつながります。
　資本コストとROEの時系列比較の表現は視覚的に非常にわかりやすいで

す。この表現方法は「好事例集」で事例が掲載されて以降、多くの企業の開示に取り入れられています。

好事例　CAPMと株式益利回りの比較
〈コンコルディア・フィナンシャルグループ〉

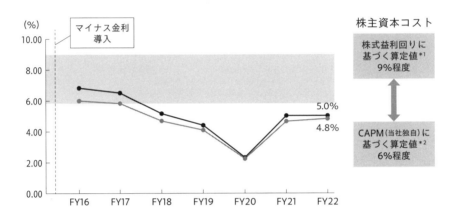

＊1　成長率を0%とし、マーケットコンセンサス（Bloomberg）の予想当期利益を用いたPERの逆数として算出
＊2　当社独自基準をもとに算出

（出所）東証「別紙　事例集」（2024年2月1日）で紹介されたコンコルディア・フィナンシャルグループの事例

　グラフでは、CAPMで算出した6%に対し、株式益利回りで算出した値は9%であると説明されています。株式益利回りはPERの逆数で、簡便的には株式市場で評価されている資本コストと想定できます（詳しくは第3章を参照してください）。

　つまり、理論的にCAPMで算出した値よりも市場で観測される株式益利回り＝資本コストのほうが高くなってしまっていることを分析されています。理論値のみならず市場による評価に向き合って対策を検討することによって、投資家からみた資本コストに適切に対応する姿勢が表現されています。

好事例　CAPMの補正式の活用（但し、取扱注意！）
〈チェンジホールディングス〉

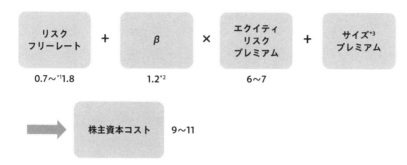

*1　10年・30年国債利回りにて算定（2024年3月末）
*2　情報サービス業の業種βをもとに計算
*3　企業規模の小さい株式に対する追加的なリスクプレミアムのこと
（出所）東証「事例集　プライム市場編」（2024年11月21日）で紹介されたチェンジホールディングスの事例

　CAPMを補正する式としてサイズプレミアムが用いられています。東証の解説によれば丁寧な現状分析として評価されているようです。
　しかし、サイズプレミアムはデータソースや適用の仕方によってはかえって誤った結論になりかねない点については十分留意する必要があります。一部の業者がデータ販売しているサイズプレミアムは、その計算方法から単年のリターンのみの推定にしか用いることができず、長期的な資本コストを算出するには適していないことが指摘されています。実務上、この点が十分に理解されておらず、機械的によく考えずに誤って採用されてしまうことも非常に多いので慎重に考える必要があります。
　ただ、CAPM自体が万能ではない中で、さまざまな観点から検討を行うこと自体は資本コストの値を定める上で重要です。

投資者の視点を踏まえて多面的に分析・評価する
　資本コストの分析ができたら次に行うのは多面的な分析です。具体的には、PBRに対する評価を出発点にし、目標に達していなければその理由を探るためにPBRをROEとPERに分解します。

PBRのよくある分解式

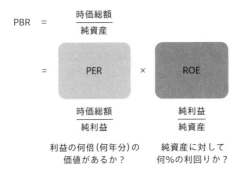

　ROEとPERのうち、PERは業界等の環境を踏まえて市場が決定するところが大きいのでコントロールは比較的しにくいわけですが、ROEは財務戦略等によっても改善が可能です。そこで、ROEと資本コストの比較、ROICとWACCの比較を行います。

　そして、これらのコストとリターンの関係性に課題があれば、課題がさらにどの点あるのかをROEを3つの要素に分解します（デュポン分解といいます）。

PBR>1が意味すること

$$ROE = \frac{当期純利益}{売上高} \times \frac{売上高}{総資産} \times \frac{総資産}{自己資本}$$

$$= 純利益 \times 総資産回転率 \times レバレッジ$$
$$（収益性）　　（効率性）　　　（安全性）$$

このように PBR 改善のためにはどの要素がボトルネックになっているのかを要素に分解していって、時系列変化や他社比較を行うことにより課題を特定していきます。その上で特定された課題を中心に、優先順位をつけて課題解決に向けた対応策を練っていくのが効率的となります。

このような観点で事例集をみていきましょう。

ダメ事例　PBR＜1倍の原因分析が不十分

────　**事例**(実際の開示例を元に加工)　────

資本コストや株価を意識した経営の実現に向けた対応

当社のROEは10.0％と、株主資本コストを超過している一方で、PERは9倍と低く、PBRは1倍割れの水準で推移しています。
PERが低い要因は、当社の事業に対する投資者の理解が十分ではないことだと考えており、今後、IR活動の強化により、PERやPBRの向上に取り組んでまいります。

投資者のコメント

☑ PERが低い要因について、投資者の理解不足（IR不足）と結論付けているが、必ずしもそうとは限らない

⇒ IR不足が原因ということもあるかもしれないが、そもそもの事業戦略・成長戦略が評価されておらず、収益の持続性や成長性に投資者が確信を持てていないという可能性もあるので、本質的な課題の分析を期待している

(出所) 東証「投資者の目線とギャップのある事例」(2024年11月21日) で紹介されたダメ事例

PBR が 1 倍を割れている要因を分析するため、セオリーどおり PBR を ROE と PER に分解しています。しかしその結果、要因は PER のみにあり、IR 不足が原因であるとの見解が述べられています。右側の投資者のコメント欄にあるとおり、ROE の分解も行い、事業戦略と紐づけて ROE と PER がともに高まるような施策と説明が必要です。

149

好事例　PBRとROEの時系列分析
〈東洋製罐グループホールディングス〉

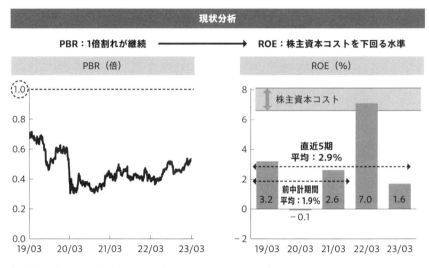

（出所）東証「別紙　事例集」（20242年2月1日）で紹介された東洋製罐グループホールディングスの事例

　PBR推移の分析から始まり、次いでROEについて資本コストと対比するかたちで時系列推移が記載されています。
　さらにROEが株主資本コストを下回っている要因を分析するため、デュポン分解を利用して、売上高利益率、総資産回転率、財務レバレッジの各要素について製造業平均値と比較することによって、課題が利益率と資本構成の2要素にあることを特定しています。
　このように冷静に分析を行ってFACTと向き合う姿勢を見せることが、投資者との対話において最も説得力をもって今後の経営方針の合理性を説明できると考えられます。

好事例　ROEをデュポン分解し、業界水準との差異を時系列分析
〈東洋製罐グループホールディングス〉

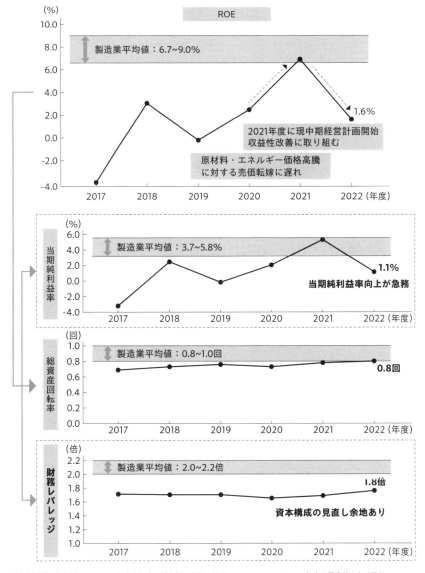

(注) 製造業平均値は2017～2021年度各年度の値を幅で表記。ただし、ROEについては2020年度は異常値のため除外
(出所) 東証「別紙　事例集」(20242年2月1日) で紹介された東洋製罐グループホールディングスの事例

好事例　PBR分解、デュポン分解をツリー状に示し、コメント
〈西武ホールディングス〉

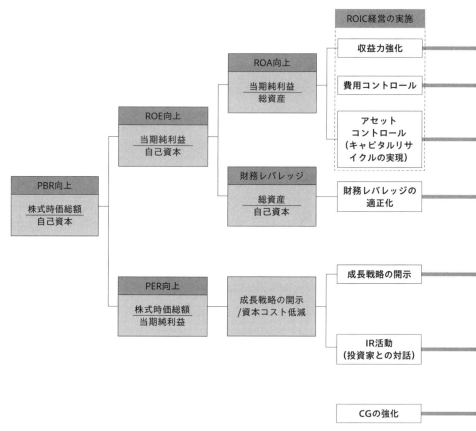

(出所) 東証「事例集　プライム市場編」(2024年11月21日) で紹介された西武ホールディングスの事例

　PBR分解、デュポン分解をツリー状にして示しています。その上で各要素をどのようにして改善していくかの施策が列挙されています。課題と施策を一覧的に示すには王道的な手法といえます。なお、一覧だけでは各要素や各施策の濃淡、優先順位を示すことができませんので他のページで定量的な分析とともに施策の優先順位を示す必要があることに留意が必要です。

- 不動産回転型ビジネス、250ホテル体制（MC拡大）等による収益力の向上。

- 業務集約やグループ共通システムの導入による生産性の向上。

- 西武ROICの導入により、資本効率性を追求し、聖域なき流動化を実施
  （ROICの改善が見込めない既存事業所については、PLやCF（縮小均衡）の観点に留意しながら打ち返し策を実施）。
- 政策保有株式を定量・定性的に検証し、保有意義の認められないものについては縮減。

- 自己資本比率25-30%、財務レバレッジ3倍台を目指す。
- キャピタルリサイクルの実現。リゾートにおける外部協業（共同開発等）。
- 成長投資を優先しつつも、DOE2.0%を下限とする累進配当を導入することで、安定的な配当とあわせ、収益向上を通じた増配を実現。

- 不動産事業を核とした成長戦略（事業ポートフォリオの最適化）により、一層の成長を目指す。

※【NAV成長の継続】不動産回転型ビジネスを活用した資金（含み益）は、都心やリゾートの再開発資金とする他、新規物件の取得・ファンドへの出資やM&Aにより、新たな成長機会を創出する。

- 将来目指す姿および上記取り組みを通じた"企業価値＝稼ぐ力"向上への道筋を、経営の意思・定量的根拠を合わせて資本市場に示す。
- また、その道筋に対する進捗を誠実かつ継続的に開示し、それらを基にして投資家と建設的に対話をおこなうことで、市場からの信頼を高め、適切な期待の醸成・株価形成に繋げる。

- コーポレート・ガバナンスの強化により、安定かつ発展的な経営体制を整備。

好事例　修正PBRの時系列分析
〈西武ホールディングス〉

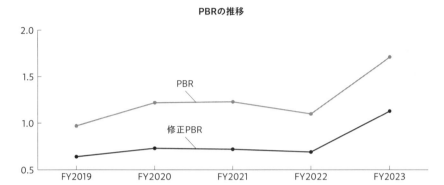

(出所) 東証「事例集　プライム市場編」(2024年11月21日) で紹介された西武ホールディングスの事例

　西武ホールディングスは通常の簿価のPBRだけでなく、分母の純資産に保有不動産の含み益を考慮した修正PBRも分析し、開示の対象としています。保有する不動産に多額の含み益が生じている上場会社は非常に多くあります。保有不動産に含み益があるにもかかわらず十分な利益をあげることができていない場合、実質的なROEはさらに低いこととなり、PBRも低迷することになります。そして、そのような企業は経営の改善を求めるアクティビストの投資対象となることも多くあります。
　PBRが1を割れていて不動産の含み益があると、実質PBRはさらに低くなります。そのような企業こそ資本コストを意識した経営に向き合う必要性は高く、反対にいうと改善の余地が大きいわけですが、PBRが低い上に実質PBRはさらに低いと自ら開示するのは実際のところ心理的には相当な抵抗感があるようです。
　西武ホールディングスは修正PBRに向き合う姿勢を対外的にも示した、まさに好事例といえます。

好事例　デュポン分解した上、各要素の分母分子の目標値と施策を整理
〈PLANT〉

（出所）東証「事例集　スタンダード市場編」（2024年11月21日）で紹介されたPLANTの事例

　デュポン分解を行った上で、売上高利益率、総資産回転率、財務レバレッジの分子分母それぞれに対する取組みがそれぞれの数値目標とともに整理されています。ROEが1.2%だったところを8.6%にまで引き上げる目標を立

ていますが、要素分解により何をどの程度改善すれば達成できるのかがわかりやすく明らかになっています。

好事例　事業別WACCとROIC目標の設定
〈荏原製作所〉

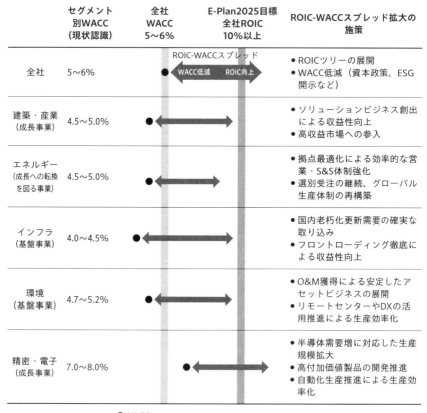

（出所）東証「事例集　プライム市場編」（2024年11月21日）で紹介された荏原製作所の事例

　全社のWACCを5〜6％と分析した上で目標ROICを10％と設定しています。しかし、実際には事業ごとにWACCは異なるわけで、設定すべき目標は事業ごとに異なるはずです。社内にWACCが大きく異なる事業が複数

ある場合、全社目標だけ与えられても事業によっては高すぎる/低すぎる目標ということになりかねません。そのため、理想的には事業ごとにWACCとROICを分析して経営管理することが望ましいということになります。

しかし現実的には、事業ごとにWACCを計算する大変さのみならず、事業ごとにROICを計算するためにはPL、BSを分解しなければならず、本社費をはじめとした共通コストや資産をどのように配賦するかで数値結果が大きく変わったりします。そのため相当な手間と、社内各部門が納得するための社内調整などが必要となり、そう簡単にはできないことも多いです。

荏原製作所の開示事例では、最も低いWACCはインフラ事業の下限4.0%、高いのは精密・電子事業の上限8.0%と2倍もの開きがあり、事業ごとの分析に向き合う必要性は高かったと考えられます。経営管理と投資家の対話のために適切に分析の手間に向き合った好事例といえます。

バランスシートが効率的な状態となっているか点検する

資本コストを意識した経営を行うためには、バランスシートの継続的な改善が不可欠です。たとえ業界内で高い利益水準を安定的にあげ続けたとしても、投資も株主還元もしなければ、または利益水準よりも株主還元等の水準が低ければ、ROEの分母が増え続ける結果、ROEはどんどん悪化していくことになります。

一般に中期計画は利益計画のみで立てられることがほとんどだったと思います。少なくとも開示される計画でバランスシートの目標が掲載されることはほとんどありませんでした。しかし、資本収益性を高めるためにはバランスシートのコントロールが不可欠です。もしかすると東証開示要請による経営管理に対する最大の効果は、バランスシートの点検に無頓着であった経営者に対してこの点に意識を向けさせることにあるといえるかもしれません。

そして、バランスシートを改善するためには、将来獲得するキャッシュをどの程度投資、自己株買い、配当等に振り分けるか、すなわちキャッシュ/キャピタルアロケーションの計画が不可欠となります。

これまでバランスシートの改善計画を検討したことがない企業の担当者からは「そうは言っても数期先の投資水準なんか決められないし、作ったこと

157

もない計画を作るのは社内調整が難しいんですよね」といった声をよく聞きます。しかし繰り返しですが、利益が安定していてもバランスシートが改善されていかなければ ROE は悪化していきます。資本収益性を高める姿勢を市場に見せるためには、事業戦略だけでは不十分なのは明らかです。

ダメ事例　バランスシートに関する目標設定がない
〈株主還元〉

────── **事例**(実際の開示例を元に加工) ──────

当社は、持続的な成長を通じて中長期的に企業価値を向上させるため、『売上高・営業利益・営業利益率』を重視し、中期経営計画において、それぞれの目標値を開示しています。
資本コスト及び資本収益性についても把握しておりますが、まずは『売上高・営業利益・営業利益率』を重視することで財務数値の改善を図ってまいります。
※ この他に資本コスト及び資本収益性への言及は無し

投資者のコメント

☑ 売上や利益など、PLベースの目標設定のみで、バランスシートを意識しながら、**資本をいかに効率的に活用して稼ぐかという観点が希薄**

⇒ 中長期目線の投資者からの支持を得るためには、バランスシートをベースとした資本効率など、投資者が重視する指標を目標設定に用いることが期待される

(出所) 東証「投資者の目線とギャップのある事例」(2024年11月21日) で紹介されたダメ事例

　企業経営において売上、利益をいかに上げるか、そのための戦略をどのように立てて適切な資源配分をどう実現していくかが最も大事であることは言うまでもありません。しかし、資本コストを意識した経営、という観点からはバランスシートの目標設定はどうしても外せない経営管理項目に入ってきます。

―――― **事例**（実際の開示例を元に加工）――――

株主還元の強化

株主資本コストを上回るROEを確保するため、本中計期間中（2025年度まで）の配当性向について、従来の30%から50%に引き上げることとします。
また、本中計期間中に、総額100億円の自社株買いを実施します。

※ 目指すバランスシートやキャピタルアロケーション方針への言及は無し

投資者のコメント

☑ 目指すバランスシートの姿やキャピタルアロケーションの方針に関する検討が十分に行われておらず、目先の株価対策、一過性の対応として株主還元を行っていると感じる

⇒ 中長期目線の投資者の支持を得るためには、中長期的な企業価値向上に向けて、どのようなバランスシートを目指すのか、また、その実現に向けて、手元にある／将来獲得するキャッシュを、成長投資や株主還元等にどう配分していくのかを、十分に検討し、株主・投資者に示すことが重要

（出所）東証「投資者の目線とギャップのある事例」（2024年11月21日）で紹介されたダメ事例

　株主還元について言及をし、配当性向や配当額の目標値を記載するだけでも従前は十分な取組みと評価されていたと思います。ここにさらに自社株買いの目標金額まで載せていれば上場会社の中でも株主との対話の意識が高い企業と評価されていたかもしれません。

　しかし、東証資料では、配当性向の目標と自社株買いの金額を明示していたとしても、それだけでは「目指すバランスシートの姿やキャピタルアロケーションの方針に関する検討が十分に行われておらず、**目先の株価対策、一過性の対応として株主還元を行っていると感じる**」「→中長期目線の投資者の支持を得るためには、中長期的な企業価値向上に向けて、**どのようなバランスシートを目指すのか**、また、その実現に向けて、**手元にある／将来獲得するキャッシュを、成長投資や株主還元等にどう配分していくのかを、十分に検討し、株主・投資者に示す**ことが重要」と厳しい表現で指摘されています。

ダメ事例　政策保有株売却後の現金用途の説明がない
〈政策保有株〉

—— **事例**(実際の開示例を元に加工) ——

政策保有株式の縮減

中期経営計画の最終年度である2025年度までに、政策保有株式の保有割合を連結純資産額の10%以下の水準にすることとし、総額約200億円の政策保有株式について、段階的に売却を進めていきます。

※ 目指すバランスシートやキャピタルアロケーション方針への言及は無し

> **投資者のコメント**
>
> ☑ 政策保有株の縮減を掲げるのは良いが、売却して得た資金について、成長投資や株主還元など、何に振り向けていくかが示されていないと、ただ売却するだけで、ポジティブな投資材料とはなり難い
>
> ⇒ 政策保有株を売却して得た資金を含めて、中長期的なキャピタルアロケーションの方針を開示することが期待される

(出所) 東証「投資者の目線とギャップのある事例」
(2024年11月21日) で紹介されたダメ事例

　政策保有株縮減の必要性が語られるようになって久しいですが、どちらかというとガバナンスの観点からの課題を中心に話されることが多かったように思います。政策保有株はガバナンス的にももちろん問題がありますが、資本収益性の観点からも大きな問題があります。企業が単に株式を保有していても、リターンが配当利回りしか期待できないのであれば、投資者の期待する利回り（資本コスト）に届くことは稀です（値上がり益も期待できますが、上場会社への投資者は基本的に事業による利回りを期待して投資しているのであって、投資したお金を財テク投資に回してほしいと思っていることは普通はありません）。

　資本コストの文脈で言い換えると、政策保有株のROICを配当利回りとすると平均的にだいたい2%台であり、日本の企業のWACCは平均的には5〜7%程度ですから、投資者から資本コスト5〜7%で資金を集めて利回り2%台の資産に投資しているということであり、非常に資本収益性の悪い経営判断をしていることになります。

　資本効率性の観点から政策保有株を正当化できるのは、株式保有によって保有先の企業に影響力を与え、売上をあげる、または仕入れを有利に行うこ

160　第6章　東証開示要請に正しく向き合うには

とによって事業利益をあげ、この事業利益と受取配当を合わせたものをROICとして、WACCを上回る場合のみということなります。

WACCを上回るリターンをあげることができない株式は売却しなければならない、ということになりますが、東証の要請はこれだけでもまだ不十分ということなります。

前掲ダメ事例右側：投資者のコメント欄

> 政策保有株の縮減を掲げるのは良いが、**売却して得た資金について、成長投資や株主還元など、何に振り向けていくかが示されていないと、ただ売却するだけで、ポジティブな投資材料とはなり難い**
> ⇒**政策保有株を売却して得た資金を含めて、中長期的なキャピタルアロケーションの方針を開示する**ことが期待される

これまでの解説を踏まえて好事例のほうを見ていきましょう。

好事例　資本コストに対するROEとROICの時系列分析
〈日本瓦斯〉

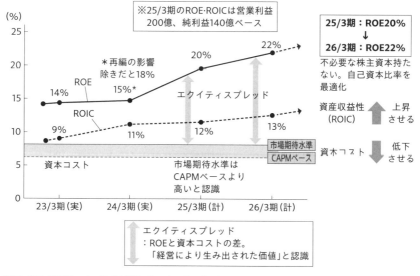

(出所) 東証「事例集　スタンダード市場編」(2024年11月21日) で紹介された日本瓦斯の事例

好事例　バランスシートの過年度時系列分析と目標値を設定

〈日本瓦斯〉

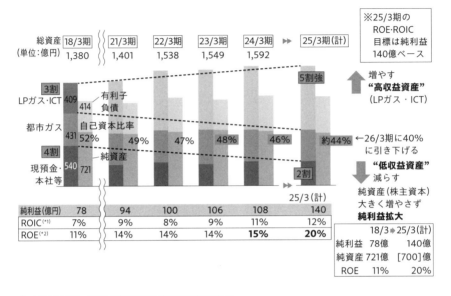

*1　ROIC=NOPAT÷（前期と当期の"有利子負債+純資産"の平均値）
*2　ROE=純利益÷（前期と当期の純資産の平均値）
*1・*2　小数点第1位を四捨五入
（出所）東証「事例集　スタンダード市場編」（2024年11月21日）で紹介された日本瓦斯の事例

　日本瓦斯の開示事例では、まずROE・ROIC計画として将来の目標設定が記載されています。そしてその目標を達成するためのバランスシートの目標が設定されています。

好事例　バランスシート計画、総資産と自己資本比率の目標設定
〈日本瓦斯〉

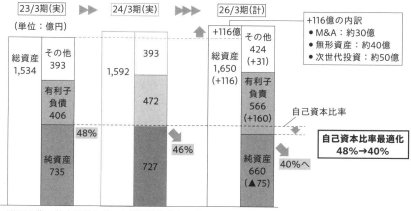

好事例　中期のキャピタルアロケーション計画
〈日本瓦斯〉

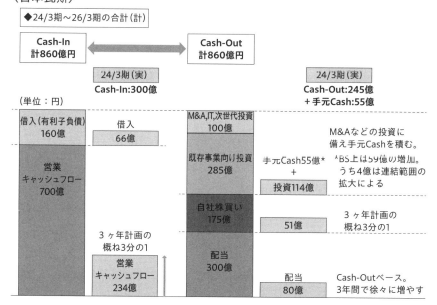

163

そしてバランスシートの計画として総資産の目標金額と、目標自己資本比率が立てられ、その比率を達成するために必要になる株主還元の具体的な金額も設定されています。
　これに加え、将来３期にわたるキャピタルアロケーションとして、投資、還元の金額も計画されています。「③バランスシートが効率的な状態となっているか点検する」という観点から、模範的な開示がなされているといえます。

好事例　全社のバランスシート目標に加え、事業別ごとのバランスシート目標を設定

〈丸井グループ〉

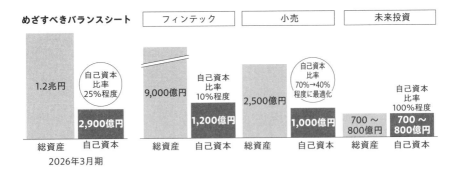

（出所）東証「事例集　プライム市場編」（2024年11月21日）で紹介された丸井グループの事例

好事例　キャピタルアロケーション、事業ごとの投資配分計画も設定
〈丸井グループ〉

資本配分計画（2022年3月期～2026年3月期）

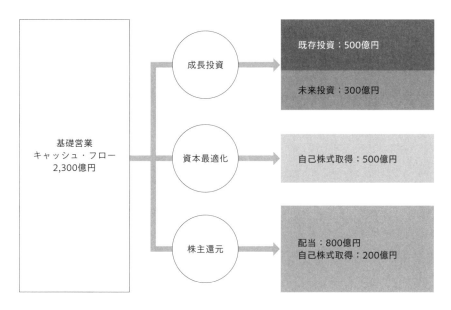

（出所）東証「事例集　プライム市場編」（2024年11月21日）で紹介された丸井グループの事例

　丸井グループの開示事例でも将来の目標バランスシートと、それを実現するためのキャッシュアロケーションが記載されています。
　さらに、バランスシートの目標については、フィンテック、小売、未来投資とセグメントに分けて計画が立てられているところが特徴的です。今般においては非常に先進的な取組みといえます。

好事例　現預金推移の時系列分析
〈テクノスマート〉

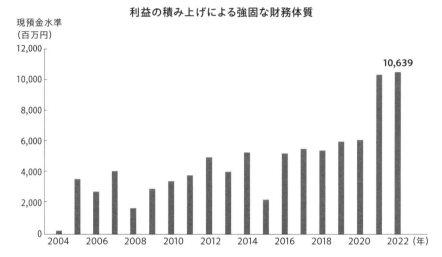

（出所）東証「事例集　スタンダード市場編」（2024年11月21日）で紹介されたテクノスマートの事例

好事例　キャピタルアロケーション、運転資金や固定費の支払い水準も掲載
〈テクノスマート〉

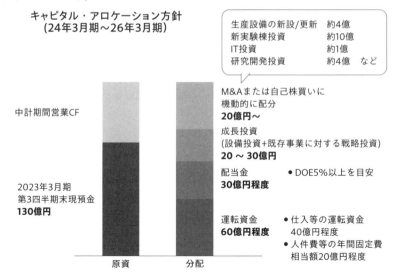

（出所）東証「事例集　スタンダード市場編」（2024年11月21日）で紹介されたテクノスマートの事例

テクノスマートの開示例では、資本効率性を高めるために事業運営に必要な現預金の水準まで分析してキャピタルアロケーションの方針を検討しています。

　資本収益性の観点から必要現預金の水準を把握することは極めて重要といえます。現預金はただ持っているだけでは何の価値も生まないからです。先ほど、政策保有株は（事業リターンがなければ）投資者から資本コスト5〜7%で資金を集めて利回り2%台の資産に投資しているということであり、非常に資本収益性の悪い経営判断をしているということになると説明しました。これに対し、現預金のリターンはほぼゼロです（銀行預金の金利のみ）。

　もちろん事業運営のためには一定の現預金を保有しておく必要があります。仕入れや固定費の支払いなどの日々の決済のための資金や、必要な投資を機動的に行うための資金は、保有しておかなければ経営リスクになる、または企業成長の機会を失うことにつながります。

　ただ、このような事業運営に必要なお金を上回る現預金は、保有していてもリターンがほぼゼロですから、ROEやROICの悪化につながることになります。投資に振り向けるか、適切な投資先がなければ株主に還元する必要があります。テクノスマートの事例ではまさにこのような検討が行われ、その考え方とともに開示がなされた好事例といえます。

2. 取組みの検討・開示のポイント

Ⅱ．取組みの検討・開示で挙げられている5つの視点を改めて掲載します。

---

① 株主・投資者の期待を踏まえた目標設定を行う

② 経営資源の適切な配分を意識した抜本的な取組みを行う

③ **資本コストを低減させるという意識を持つ**

④ **中長期的な企業価値向上のインセンティブとなる役員報酬制度の設計を行う**

⑤ 中長期的に目指す姿と紐づけて取組みを説明する

　このうち①投資者の期待を踏まえた目標設定、②経営資源の適切な配分、⑤中長期的に目指す姿と紐づけて取組みを説明の3つは、「好事例集」Ⅰ．現

167

状分析・評価のポイント解説で説明した点を十分に検討すれば網羅できるものと思います。

資本コストを低減させるという意識を持つ

「③資本コストを低減させるという意識を持つ」。初めてこの言葉を読んだとき、筆者も少し混乱しました。CAPMで算出される資本コストは基本的には一定であるはずで、事業構造を大きく見直したりしなければ低減などできるはずがありません。東証は事業構造の見直しを全上場企業に要請しているのだろうか、さすがにそんなはずはありません。

そこで東証の解説資料「投資者の視点を踏まえたポイント」や「好事例集」の事例の解説を読んでいくと、東証開示要請の内容が見えてきました。

資本コストの決定要因はさまざまであり、一概には言えませんが、例えば、投資判断に必要となる**情報開示が不十分な場合には、経営の不透明性が投資家の不安要素**となり、**株主資本コストの上昇要因**になります。そのような場合、**開示情報の拡充**や**効果的な投資家との対話**により、**情報の非対称性を解消**することが株主資本コスト低減に有効だと考えられます。

その他、**投資者の経営に対する信頼や、収益の安定性・持続性に対する確信度を高める**観点から、**コーポレートガバナンスの強化**等も、株主資本コスト低減に有効な手段だと考えられます。

たしかにCAPMで算出した株主資本コストの理論値よりも、市場での実際の評価である株式益利回りのほうが高い値となっているケースは多くあります。このギャップを埋めるべき、というのが東証の要請であると今では理解しています。

ではどのような取組みや開示をすればいいのでしょうか。それは「好事例集」の解説を見ていくとイメージが湧きやすいと思います。

視点を大きくまとめると以下の4つに集約できると考えました。

▶**事業リスクのコントロール**
▶**負債の活用**
▶**流動性の向上**
▶**非財務情報の充実とIR**

168 第6章 東証開示要請に正しく向き合うには

好事例　事業ポートフォリオ転換による資本コストの低減
〈出光興産〉

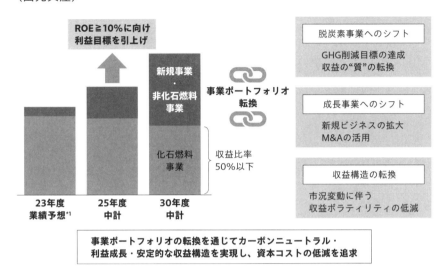

*1　23年度業績予想は、中計における石炭価格等の市況前提を適用し補正
（出所）東証「事例集　プライム市場編」（2024年11月21日）で紹介された出光興産の事例

　石油元売りの大手である出光興産では、原油価格や為替といったマクロマーケットの価格変動の影響を受け、さらにEVシフトにより将来の不安定性が想定される化石燃料事業のポートフォリオ比率を下げる方針を掲げています。このように、事業ポートフォリオの転換により安定的な（βの低い）事業を組み込むことができれば理論的にも資本コストを低減することができます。

　ただし一般論ですが、事業ポートフォリオを大きく変えるほどの新規事業やM&Aを実行する場合、その後の安定性を市場から不安視され、かえって資本コストが高まることもよくあります。新規事業やM&Aは極力既存事業と親和性が高い事業で、シナジーの発現が想起しやすい事業内容であることが望ましく、また、シナジーを実現するためにどのように投資をしてどのように事業を安定させていくのかについて、市場にわかりやすく説明していくことが肝要です。

好事例　βを抑えるための施策を整理

〈中部鋼鈑〉

資本コストコントロール

- 電炉メーカーに対しては従来から「原料・資材（スクラップ、電力等）の価格変動により業績が振れやすい」ので投資に対しては慎重にならざるを得ない、という見方が存在
- よって資本コストを抑える（βを抑える）ためには、①外部環境による業績へのブレを極力抑える対策を行う事、②開示を強化しサプライズを防止する事、③業績の変動による配当のブレを抑える事が必要と認識
- 具体的な施策は以下の通り

ターゲット	手法	具体的施策
βを抑える	適切な販売価格設定（①）	● スクラップや電力、運賃等の価格変動を速やかに販売価格に反映できる顧客との関係を構築
	スクラップの価格変動による業績のブレを抑える（①）	● スクラップヤードの拡張、スクラップ受入体制の充実 ● 製品在庫や備蓄材の効果的活用
	電力価格の一部固定化（①）	● オフサイトPPAの電力価格は20年固定が主（通常分の価格は毎月変動）
	開示を強化しサプライズを防止（②）	● 会社説明会の年4回化、説明会を決算発表日の翌営業日に設定する運営を継続
	配当の安定化（③）	● 24年度よりDOEを導入

（出所）東証「事例集　プライム市場編」（2024年11月21日）で紹介された中部鋼鈑の事例

　事業ポートフォリオ自体を変えなくとも資本コストを低減させることは可能です。業績と株価は連動していることを前提とすると、業績の安定化を図ることができれば株価も安定し、結果としてβが下がることになります。

　厚板専業メーカーである中部鋼鈑では原材料等の価格変動により業績が変動しやすいという事業特性に向き合い、販売価格を柔軟に設定できるよう顧客との関係を見直す、在庫調整による原価の安定化、電力価格を固定契約とするなど、業績を安定化させるための施策を掲げています。

好事例　資本コストを抑制する施策を整理、1番目に負債の活用を挙げる 〈稲畑産業〉

具体的な取り組み～③資本コストを抑制・低減する

● 直接的な取り組みのほか、間接的な取り組みを進めることで、リスクや市場との情報格差を低減し、資本コストを抑制・低減する

直接的な資本コスト抑制・低減の取り組み	実績
負債の活用（社債など調達手段の多様化）	● 2023年3月に当社初の普通社債を発行 ● 2024年6月に第二回、第三回普通社債の起債を予定
自己株式取得・消却	● 「NC2023」3期累計で、123億円・488万株の自己株式取得、758万株の消却を実施 ● 上限50億円、120万株の自己株式取得を実施中（2024年5～7月）

間接的な資本コスト抑制・低減の取り組み	実績
情報開示の充実	● 「資本コストや株価を意識した経営の実現に向けた対応」、「株主との対話の推進と開示」に早期対応 ● 新中期経営計画「NC2026」にて成長戦略等を詳細に開示
投資家との対話の拡大（説明強化）	● 機関投資家・アナリスト等との個別面談数増加（2022年度54回→2023年度62回） ● 新たに社外取締役と機関投資家との個別面談を実施
取締役会のモニタリング機能強化による継続的なウォッチング	● 取締役会の実効性評価を継続実施し、次年度以降の課題を抽出・対処
ESGスコアの向上による各種インデックスへの採用拡大	● 「JPX日経インデックス400」の構成銘柄に初選定 ● 「FTSE Blossom Japan Index」の構成銘柄に初選定
市場流動性の向上	● 株式売出しに伴う市場流動性向上と株主層の拡大

（出所）東証「事例集　プライム市場編」（2024年11月21日）で紹介された稲畑産業の事例

　第4章で述べたように、負債の利用による節税効果で企業価値が上がります。それ以外でも第3章第2節5.のB社のベータのように、負債を使っても理論値ほどβが上がらず、資本コストが低くなることも十分に起こります。

　上記の例だけではなく、現実の市場では投資家側が、企業の負債比率が変化してもいちいち資本コストを変化させて考えていないケースが大半である

と考えられ、負債比率が上がっても β が反応しないケースが多くあります。負債比率を高めても β が上がらないとなると、負債比率を高めるほど WACC は下がるという結果になります。

　事例に挙げた企業がどこまでのことを想定しているかはわかりませんが、負債の利用により WACC は下がり、ROE は上がる（ROE ＝売上高利益率×総資産回転率×**財務レバレッジ**）結果になることがあります（もちろん、過度な利用は倒産リスクが想起されて資本コストが大きく上がることになりますので注意が必要です）。

流動性の向上
　初徳商事の事例では、株式の流動性と資本コストの関係性について以下のように説明されています。

> 当社においては、流動性が乏しく株式売買高が少ない事による、流動性リスクプレミアムが資本コストを引き上げる重要な要因になっていると分析しております。今後、株式分割等の実施についても検討しながら、流通株式数及び株主数、売買出来高を増やす事で、流動性リスクを引下げて参ります。

　株式の流動性が不十分である場合、業績の向上や成長期待の醸成に成功したとしても投資者は株式を購入することができません。結果として株価が上がらない状態となり、PER が低く抑えられてしまいます。そうすると PER の逆数である株式益利回り（株主資本コスト）は高く計算されることとなります（事例では、「流動性が乏しく株式売買高が少ない事による、流動性リスクプレミアムが資本コストを引き上げる重要な要因になっている」と表現されています）。

　さらに、株式の流動性がないと β が下がります。β は市場全体との相関性と株式のボラティリティによって計算されますが、出来高が乏しければ市場との相関性もボラティリティも上がらない結果になります（反対に、わずかな売買で株価が大きく騰落し、ボラティリティが異常に高まることもあります。いずれにしても事業リスクを適切に β に反映させることができない状態といえます）。

　以上をまとめると、株式の流動性が低いと株式益回りは上がり、CAPM

172　　第6章　東証開示要請に正しく向き合うには

で計算される資本コストは下がり、理論値と投資者から見た資本コストの差はより大きくなってしまうリスクがあるのです。

　株式の流動性が低い状態を回避するためには、大株主による株式売却によって浮動株比率を高めたり、株式分割により売買単位を引き下げたりといった施策が考えられます。

好事例　資本コストの低減に向けた資本政策の実施
〈アイシン〉

株式の売出し	**株主層の多様化と長期視点で理解・支援を頂ける株主層の拡大を図る** 売出し価額の総額：198,291,645,600円 売出株式数：38,941,800株（発行済株式総数（自己株式を除く）に対する割合：14.5%） ※オーバーアロットメントによる売り出し分含む
自己株式消却	**自己株を消却し希薄化懸念を払拭** 消却する株式の数：25,000,000株（消却前の発行済株式総数に対する割合：8.5%）
株式分割	**投資家の皆様がより投資しやすい環境を整え、投資家層の拡大を図る** 9月30日を基準日として、当社普通株式を1株につき3株の割合をもって分割 （株式分割前発行済株式総数：269,674,634株式分割後の発行済株式総数：809,023,902）
自己株式取得	**更なる企業価値向上と資本効率向上に向けて機動的な自己株式取得を実施** 株式の取得価額の総額：1,000億円（上限） 取得し得る株式の総数：17,000,000株（上限） （発行済株式総数（自己株式を除く）に対する割合6.3%）

> **資本効率の向上を図り、成長領域での事業拡大を推し進めることで、
持続的な成長と中長期的な企業価値向上をめざす**

（出所）東証「事例集　プライム市場編」（2024年11月21日）で紹介されたアイシンの事例

　資本コストの低減に向けた資本政策の実施として、大株主による株式の売出しや株式分割が掲げられています。

　アシックスの事例では、2024年7月12日の「株式の売出しに関するお知らせ」の中で同社が保有する政策保有株式の売却の検討だけではなく、アシックスを政策保有株式として保有する株主に対する売却の打診について開示されています。その中で株式売出しにより達成すべき事項として次の通り記載があります。

173

> 株主構成の再構築を通じて、現状相対的に高いと認識している当社の資本コストの低減に繋げること、即ち東証からも資本コストを意識した経営の実現が上場企業全体に対して求められている中、特に個人株主の増加により株価変動のボラティリティ抑制を図ること。

政策保有株式を保有することのデメリットについては先ほど説明しました。そして政策保有株式は、保有されることによるデメリットもあるのです。政策保有として大量の株式を保有されていると流動性が低くなってしまうからです。

近年、親子上場を始めとした支配的な株主を有する会社に対する課題が指摘される風潮が高まっています。支配的な株主が存在する会社の課題はガバナンスの問題により少数株主の利益が害されるということだけでなく、適切な株価が形成されないおそれがあるという点にもあるのです。

非財務情報の充実とIR

資本コストは事業の性質や安定性によって計算され、十分な流動性によって担保されることを説明してきました。しかし、事業の性質や安定性は情報が適切に市場に説明されていかなければ投資者に理解されませんし、流動性も高まりません。

そのため、事業を長期的に安定化させるためのサステナビリティやコーポレートガバナンス強化に対する取組みを実施し、ステークホルダーとの対話を持続的に行っていかなければ資本コスト経営の観点からは不十分となってしまいます。

中長期的な企業価値向上のインセンティブとなる役員報酬制度の設計

Ⅱ．取組みの検討・開示における5つのポイントのうち、この④中長期的な企業価値向上のインセンティブとなる役員報酬制度が挙げられているのは、資本コスト経営の実現、という観点からは少し異質な視点と受け止める人もいるかもしれません。

東証の解説資料「投資者の視点を踏まえたポイント」18ページ　「Ⅱ．取

組みの検討・開示：投資者が期待するポイント④」では以下のように解説されています。

> ◆中長期的な企業価値向上の実現に向けては、**経営者自身が企業価値向上を自分事として捉えることが重要であり、経営陣の報酬が、持続的な成長に向けた健全なインセンティブとして機能するよう報酬設計を行う**ことが期待されています。
>
> ◆**株主・投資者の立場でも、経営者のインセンティブがどのように設計されているかは重要なポイント**です。特に、経営者が一定の株式報酬を得ることが当たり前と考える**海外投資家**においては、**中長期的な業績や企業価値向上に向けたインセンティブとなる役員報酬となっているか**という点は、**投資判断上の大きな材料**となっています。

　簡単にまとめると、海外投資家の価値感からすると、「株価が上がると自分が儲かる仕組みになっていない経営者が一生懸命株価を上げようとすることなんてありえないだろう、信用できない」ということです。

　人によって受け止め方はさまざまでしょうが、海外投資家と実際に会話すると心からこの価値観を持っていて、インセンティブ構造に対する関心度は非常に高いといえます。

　東証解説資料にはこのようにも記載されています。

> また、役員に限らず、**マネジメント層や一般社員**に対しても、**自社株式やストック・オプションの付与など、企業価値向上に向けたインセンティブを与えること**は、**幅広い社員における株主・投資者目線の理解・浸透**に繋がり、**企業価値向上に向けた経営の促進に有効な手段**だと考えられます。

　日本の会社の多くはいまだに会社の利益と役職員の報酬の連動性が高いとはいえないケースが多いです。この文化、風潮が会社の利益を上げるために新規事業開発や既存事業の統廃合を果断に行って会社の利益を高めようという行動を役職員から引き出すことができない日本企業の悪癖につながってしまっているところはたしかにあると考えられます。

175

好事例　業績条件付き有償ストック・オプション

〈ラクスル〉

CEOに対するインセンティブ設計

- 新CEOが雇われ経営者ではなく、次の10年の企業価値拡大のための"創業者"になることを企図し、株主と目線を合わせる複数のアラインメントツールを設定
- 金銭報酬は上場企業経営者の水準より低くする一方、株式報酬の割合を最大限高く設定することで長期コミットを促す
- RSUの付与が第14回定時株主総会で承認されることを条件に全てのインセンティブ付与を実施予定

名称	性質	株数 (希薄化率)[1]	行使条件／補足等	PL/BS影響[2]
金銭報酬 (基本報酬)	金銭報酬	–	–	役員報酬
譲渡制限付 株式ユニット (RSU)	株式報酬 (勤務要件＋ 単年業績要件)	10年分合計で 最大877,000株 (1.50%)	以下の二点を満たすことを条件に、各事業年度終了後に87,700株ずつ譲渡制限を解除（満たさない場合、当該事業年度分は失効） ● 各事業年度末までCEOとして在籍 ● 連結売上総利益が前年比15%超成長	1.2億円/年程度の費用計上
新株予約権 (有償SO)	業績連動型 株式報酬 (株価要件＋ 業績要件)	877,000株 (1.50%)	3トランシェ設定 1. 株価8,500円（時価総額約5,000億円）＋EBITDA100億円：20%行使可能 2. 株価12,000円（時価総額約7,000億円）＋EBITDA150億円：33%行使可能 3. 株価17,000円（時価総額約1兆円）＋EBITDA200億円：47%行使可能 期間10年間で5年後以降判定を実施	0.8億円/年程度の費用計上
市場取引・ 大株主との 相対取引	キャピタル ゲイン	877,000株 (–)	セカンダリー取引のため、新株発行ではないことから希薄化はしない 当社創業者の松本恭攝及び株式市場から買付予定（資金の一部又は全部を会社が貸付）	–
合計		1,754,000株＋877,000株 (3.00%)　　(0.00%)		2.0億円/年程度の費用計上

注(1)　2023年7月31日現在の当社発行済株式総数58,476,092株（議決権数581,858株）を分母とする希薄化率
　(2)　想定株価1,400円で試算
(出所)　東証「事例集　プライム市場編」（2024年11月21日）で紹介されたラクスルの事例

　まず、背景として創業者の後継者としてCEOが交代した状況でした。創業者のように株式を持っているわけではない新たなCEOが実際に創業者的精神を持ち、企業成長に積極的に取り組むためには株価や業績と連動して十分な報酬を得られる仕組みにするのが有効です。そして、海外投資家からすれば、むしろそうなっていなければそんな経営者は信用できない、というこ

176　　第6章　東証開示要請に正しく向き合うには

とになります。

〈ラクスル〉

株式報酬及び業績目標連動型ストックオプションの発行について[1]

- 2022年12月に株式報酬及び業績目標連動型ストックオプション計4件を発行
- ①②は毎年発行しているインセンティブとしての株式報酬（従業員についてはRSではなく1円SOを採用）
- ③④（総称してQualityGrowth Stock Option 2022）は、業績目標連動型かつ中期インセンティブとしての株式報酬。但し、信託SOについては当初の目的を果たせないことになったため放棄を決定

名称	性質	株数 (希薄化率[2])	対象者	行使条件等
① 譲渡制限付 株式報酬 （RS）	株式報酬	11,260株 (0.04%)	取締役	3年後に一括で譲渡制限解除
② 第13回新株 予約権 (1円SO)[3]	株式報酬	42,370株 (0.15%)	従業員	半年毎に1/6ずつ権利行使可能
③ 第14回 新株予約権 （有償SO）	業績目標連動型 (Quality Growth Stock Option 2022)	192,500株 (0.66%)	取締役 従業員	EBITDAが a) 2023年7月期 or 2024年7月期 　28億円を超過：50%行使可能 b) 2024年7月期 or 2025年7月期 　40億円を超過：50%行使可能
④ 第15回 新株予約権 (有償SO)[4]	業績目標連動型 (Quality Growth Stock Option 2022)	167,500株 (0.58%)	取締役 従業員 今後の入社者	同上
合計		413,630株 (1.42%)		

注(1)　2023年2月に株式分割を実施（1株→2株）。本頁は分割前の株式数で記載
(2)　2022年7月31日現在の当社発行済株式総数29,080,100株（議決権数290,297株）を分母とする希薄化率
(3)　2022年11月17日開示の「株式報酬型ストック・オプション（第13回新株予約権）の発行に関するお知らせ」に記載の新株予約権
(4)　2022年11月17日開示の「第三者割当による第15回新株予約権及び時価発行新株予約権信託の導入に関するお知らせ」に記載の新株予約権
(出所) 東証「事例集　プライム市場編」（2024年11月21日）で紹介されたラクスルの事例

　取締役、従業員それぞれに対し、（実質的に）株式そのものを報酬とする①譲渡制限付株式、②1円ストック・オプションを付与し、さらに株価の値上がりがあって初めて利益が出るタイプの③④新株予約権を付与しています。
　さらに、①②については一定年数の経過によって初めて売却が可能となる

177

仕組みにしてリテンション効果が図られており、値上がり型の③④は業績条件がつけられて業績達成に向けて役職員が行動するためのインセンティブとなるよう設計されています。

　実際にその後業績は拡大し続けていますので、報酬制度が適切に機能したと評価できると考えられます。

　資本コスト経営を実現するためには、自社の報酬制度の見直しが最初の土台といえるかもしれません。

3. 株主・投資者との対話のポイント

　この項目の最後として、視点Ⅲ. 株主・投資者との対話について解説します。投資家との建設的な対話の成果として、投資家からの示唆を実際に経営に取り入れて企業価値向上につなげた事例を積極的に開示する例が増えていっています。

　好事例集のポイントとしては以下の4つの視点が挙げられています。

---

①経営陣・取締役会が主体的かつ積極的に開示する

②株主・投資者の属性に応じたアプローチを行う

③対話の実施状況を開示し、さらなる対話・エンゲージメントにつなげる

④目標設定や取組みを継続的にブラッシュアップする

好事例　株主・投資者への積極的な開示
〈三菱食品〉

現状分析／評価

- 当社の資本コストは5～6%程度と認識。一方、投資家からの期待リターンは8%程度とギャップが存在することも認識
- 資本効率（ROE）は2023年度11.7%と、2桁をクリア。ROE10%以上、及びエクイティスプレッド確保を意識した目標の設定が今後も不可欠

資本コスト・資本効率の現状分析

■資本コスト
✓ CAPMモデルで算出した当社の資本コストは5～6%
✓ 当社は有利子負債が僅かである為、資本コスト（=WACC）は株主資本コストと近似値となる

当社認識		投資家期待リターン
5～6%程度	ギャップが存在	当社ヒアリングベース：8%程度

- 食品中間流通という景気に左右されづらい業種であり、業績が安定的である
- 株価ボラティリティが小さい（β値0.8前後）
- 以上から5～6%は妥当な水準と判断

｝ローリスクなビジネスモデル

■資本効率
- 当社は収益の太宗が卸売事業の実質単一セグメントであり、且つ有利子負債も僅かであることから、ROICを指標として用いるよりはROEが資本効率の指標として妥当と判断
- 2023年度ROEは11.7%と、2桁をクリア

▶ 上記ギャップを認識した上で、今後もROE10%以上、及びエクイティスプレッドの確保を目指すことが期待されている

（出所）東証「事例集　スタンダード市場編」（2024年11月21日）で紹介された三菱食品の事例

　三菱食品の開示例では、CAPMによる資本コストは5～6%と計算した上で、投資家にヒアリングを行い、投資家のヒアリング結果は8%程度であったことを開示しています。株主資本コストは株主の期待利回りですから、株主に聞いてみるのが一番です。なぜそのように考えるのかを含めて論理的に説明できる投資家が株主に複数存在していれば、会話することによって有用な情報が得られることになります。

好事例　株主・投資者との対話の内容を開示

〈三菱食品〉

資本市場との対話について

2023年度：対話の主なテーマ

業績関連	●値上げ等、外部環境変化への対応 ●物流2024年問題への対応 ●営業利益率（粗利率・販管費率）の推移
成長戦略	●成長分野の進捗状況 ●海外事業の方向性 ●キユーソー流通システムとのJV設立、その後の展開 ●データ×デジタルマーケティングの取組内容
資本政策	●政策保有株式の削減状況 ●三菱商事のキャッシュマネジメントシステム利用による資金の預入 ●キャッシュフローアロケーション ●配当方針の明確化
ESG関連	●親子上場、ガバナンス（独立社外取締役の牽制機能の有効性） ●女性管理職比率、育休・有休取得率 ●社員エンゲージメント ●SCOPE3の目標設定状況

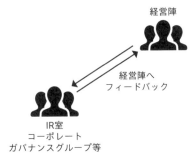

経営へのフィードバック体制

IR活動報告	取締役会	年1回
決算説明会 結果報告	経営陣	年2回
その他重要事項	取締役会又は 経営陣	随時

（出所）東証「事例集　スタンダード市場編」（2024年11月21日）で紹介された三菱食品の事例

　上の図から、会社側から積極的にテーマ設定をして対話に臨んだ様子がうかがえます。

好事例　対話を踏まえて取り入れた事例を開示
〈神戸製鋼所〉

対話を踏まえて取り入れた事例

● 当社グループは、持続的な成長・企業価値向上に向けた取組みを推進していくなかで、資本市場との対話も踏まえて、これまで次のような取組みを行ってきました。

【これまでの実績】

E	CO$_2$削減	削減目標、削減貢献目標を策定	2020年度～
S	スキルマトリックス	発揮を期待する知識・経験・スキルを整理	2021年度～
S	社員エンゲージメント	統合報告書にて開示情報拡充	2023年度～
G	経営体制	2021年度より経営体制を見直し	2021年度～
G	政策保有株式	保有方針の変更及び招集通知への保有状況記載	2023年度～
G	社外取締役	パネルディスカッションを初開催	2023年度～
事業戦略	マテリアリティ	新たに制定	2021年度～
事業戦略	資本効率	中期経営計画の達成目標にROICを導入、資本コスト開示	2021年度～
その他	個人株主説明会	オンライン説明会の初開催	2023年度～
その他	情報開示	資本市場との対話資料・事業別説明会の開催など開示拡充	継続中

【2024度実施予定】

G	役員報酬制度	2024年4月より改正しESG指標を導入
G	組織改正	2024年4月より改正しサステナビリティ経営を強化
事業戦略	非財務関連指標の開示拡充	2024年5月中期経営計画にてCO$_2$削減貢献製品の売上高・目標を公表
その他	機関投資家・証券アナリスト海外視察	2024年秋にMIDREX®プラントの視察を予定

（出所）東証「事例集　プライム市場編」（2024年11月21日）で紹介された神戸製鋼所の事例

　投資家は企業価値向上に向けたさまざまな意見を持っていることがあり、テーマを整理して建設的に対話をしていくことによって改善すべき項目や優

181

先順位が明らかになり、実際の経営改善につなげられることが期待できます。

今回紹介した事例のみならず、好事例集では投資家とのミーティングの内容や対話の回数、対話とフィードバックを会社に還元するための体制などを整理して開示した事例が複数掲載されています(山善、中部鋼鈑、双日、朝日インテック、三井化学、コニカミノルタなど)。

最後にダメ事例を紹介します。

―― **事例**(実際のやりとりを元に加工) ――

投資者

個別面談の機会をいただきたい

企業a

IR体制が十分に整っていないので、個別面談は一律でお断りしている

企業b

海外投資家との面談は一律でお断りしている

企業c

フェアディスクロージャーの観点から、個別面談は一律でお断りしている

投資者のコメント

☑ 個別面談を依頼しても、納得できる理由もなく断られてしまう。CG報告書において原則5-1(株主との建設的な対話)などにコンプライを宣言しているにもかかわらず、合理的な理由もなく対話に応じないのは、もはやコンプライしていないと言わざるを得ない。
また、成長戦略・資本政策の理解を深めることや、投資者の見方を伝えることを目的として個別面談を依頼しており、インサイダー情報を聞きたいということではないため、フェアディスクロージャーを理由に面談を断るのはズレている。

⇒ 株主や投資者との対話に応じる体制を整えることは、上場会社である以上、最低限求められる対応。繁忙期があるのは理解するが、そうでない時期には、できる限り対応していただきたい

(出所)東証「投資者の目線とギャップのある事例」
(2024年11月21日)で紹介されたダメ事例

―― **事例**(実際のやりとりを元に加工) ――

貴社のガバナンス体制や、取締役会での検討状況について理解を深めるため、社外取締役と対話したい

投資者

企業d
社外取締役は多忙のため、面談に応じることはできない

企業e
社外取締役は事業の知識・理解が浅いので、代わりに、社内の者が対応する

企業f
当社は、社外取締役との面談は一律でお断りしている
※ 具体的な理由なし

投資者のコメント

☑ CG報告書の補充原則5-1①(対話の対応者は、合理的な範囲で、経営陣幹部、社外取締役を含む取締役等を基本とすべき)にコンプライを宣言している企業であっても、社外取締役との面談を依頼しても、多忙や知識・理解が浅いことなどを理由に断られてしまう

⇒ 社外取締役は、社外の観点を持ちながら取締役会での議論に加われる立場であり、本来、少数株主の立場を代弁する役割を担うべき存在。その観点から、社外取締役は、株主・投資者ともコミュニケーションを図り、株主・投資者の考えの理解に努めるべき

⇒ 投資者も、社外取締役の場合、事業に対する知識・理解が浅いケースもあることは十分に承知している。社外取締役に確認したいのは、ガバナンスが十分に機能しているか、課題はあるか、また、経営課題に関して取締役会でどのような議論が行われているかということ

(出所)東証「投資者の目線とギャップのある事例」(2024年11月21日)で紹介されたダメ事例

　解説は必要ないと思いますが、株価のためにも資本コストを安定化させるためにも投資家との対話は必須です。東証開示要請以降、投資家との対話についても真摯に取組みを検討し始めている企業が実際に非常に多く増えていると感じています。しかし、「取組みを行いたい／行っているのだが、機関投資家と話す機会を作れない」と悩む声もよく聞かれます。機関投資家側からも、「どの企業が積極的に会話を希望しているのかがわからない」との声が挙がっています。
　そこで東証は「機関投資家からのコンタクトを希望」する企業を一覧で開示する取組みを開始しました。

一覧表を用いた企業と投資者のコミュニケーション促進のイメージ

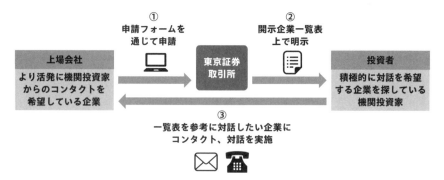

（出所）東証「『資本コストや株価を意識した経営の実現に向けた対応』に関する開示企業一覧表の見直しについて」（2024年9月27日）

　投資家との対話により株価や資本コストの改善を行いたい企業はぜひ申請してみることをお勧めします。

第 **7** 章

資本コスト開示で
何が問題になるか

COST OF CAPITAL
MANAGEMENT

筆者が代表を務める株式会社プルータス・コンサルティングは、企業価値評価の専門機関であり、価値算定を通じて上場企業の資本コストの算出をしています。

　東証開示要請が発表されてから1年ほど経ったある日、ある顧客企業の取締役から電話が入りました。「資本コストの開示を検討しているのだが、困ったことが発生した、相談に乗ってほしい。」とのことでした。

　本社にうかがうと、彼は一枚の資料を筆者の目の前に置き、「どの数字が正しいのか？」と訊ねてきました。それは資本コストの開示のために、取引先の金融機関から取り寄せた当該企業の資本コストの計算結果でした。

（各金融機関における算出過程の例）

	A銀行	B銀行	C証券会社	D証券会社
リスクフリーレート	0.95%	1.0%	0.96%	0.97%
β	0.712	0.741	0.890	0.655
マーケットリスクプレミアム	6%	6.3%	7.4%	6%
株主資本コスト	**5.22%**	**5.67%**	**7.55%**	**4.90%**

　株主資本コストが4.9%から7.55%まで2.6%以上乖離がある状況であり、自社で使用しているハードルレートとも水準が異なり、自社が採用すべき株主資本コストの水準は果たしてどれくらいなのか検討もつかない状況でした。

　これらは各社のファームポリシーをもとに機械的に出した数値であり、計算過程は正しいのですが2つの大事な点が抜けています。

　1つは「投資者の視点での資本コスト分析」、もう1つは「自社の状況を勘案した資本コスト分析」です。その後、その企業の東証開示要請に関する開示を支援することになりました。これが**「資本コスト開示支援コンサルティング」**の始まりです。

　現状未開示の企業であったとしても、好事例のポイントの理解を通じて開示イメージが湧いてきた方もいらっしゃるでしょう。しかし、いざ東証開示要請に向き合い開示に向けて準備を進めようと走り始めると、開示に至る過

程でさまざまな葛藤や悩みに直面する企業が多いと感じます。

「投資者の視点」といってもそれこそ投資者によってさまざまな視点があるでしょうし、方針を社内で検討する場面においても意見がなかなかまとまらないということなどもあるでしょう。

本章では、開示方針を決める段階に発生する各社の悩みについて、当社が手掛けてきた「資本コスト開示支援コンサルティング」の中で参考になるケースをいくつかご紹介します。

1 社内体制の構築

1. 経営層が開示に消極的

東証開示要請に真摯に向き合い、次の決算発表に合わせて資本コストも含めて開示すべく、社内での検討がスタートしたが、一部の取締役からは、「そんな数字を出したら余計に投資家から指摘される点を増やしてしまうだけだ」と資本コストの開示や投資家との対話に対して否定的な意見もあがってきた。開示に向けて経営企画などの実務担当者は前向きだが、経営者レベルが消極的で、前に進まない。

さて、このような企業の状況をどのように打破していくべきでしょうか?

● **提案内容:経営者層向け資本コストに関するレクチャー**

〈POINT〉

最近では株主総会において、取締役に対して、自社の資本コストの水準やその算出根拠に対する質問が増えています。取締役は、投資家の自社に対する要求リターンを把握するためにも資本コストのリテラシーを身に付けなくてはいけませんし、自分の言葉でそれを説明できるようにしなければなりません。

187

担当者レベルでは自社にとってふさわしい資本コストの水準を算出できていても、経営陣からは「そんな数値を開示したらヤブ蛇になる」とストップがかかるケースもあります。

社内での認識合わせに困難を感じている場合は、外部の専門機関を利用して経営陣を説得するのも1つの方法です。最近では、資本コストやPBR改善策に関連する開示においても、外部コンサルティング会社の知見を得た旨を記載する企業も現れ始めています。

経済産業省が作成した「社外取締役向けケーススタディ集―想定される場面と対応―」では、「『共通語』となるファイナンスに関する基礎知識として特に、企業価値の向上に必要となる収益力や資本効率性等の客観的な指標やその計算方法について理解・把握しておくことが望ましい」として、研修機関などを通じた知識の習得を推奨しています。

これはなにも社外取締役に限った話ではありません。開示やIRに関連するすべての役職員がトレーニングを積むことで、はじめて社内外で適切なコミュニケーションを図ることができるようになります。

2 資本コストの算出について

1. マーケットリスクプレミアムの算出

> 過去の超過収益率を参照するヒストリカルリスクプレミアムを用いるなら、できるだけ長い期間を取ったほうが良いのではないかと判断し、1952年以降の取り得る最長期間を採用した。その結果を社内会議にて報告したところ、「もう少し短い期間で取ったほうが直近の経済状況が反映されているという利点もあるので、長期間で算出すれば良いというものではないのではないか?」という意見もあがってきた。

マーケットリスクプレミアムはどのように整理し、決定すれば良いのでしょうか?

- 提案内容：**インプライドリスクプレミアムも併用**

〈Point〉

　マーケットリスクプレミアムには、各年の株式収益率から無リスク利子率を控除した超過収益率を平均することにより算出される『**ヒストリカルリスクプレミアム**』と、現在の予想利益と市場株価の関係に基づき逆算された期待収益率から無リスク利子率を控除することによって算出される『**インプライドリスクプレミアム**』があります。

　ヒストリカルプレミアムは、1952年からの長期的な平均を取る場合と、直近30年の平均を取る場合とでかなりの差が生じます。どの期間平均を用いるかについて、学術的にも実務的にも一致した見解はありません。各年の超過収益率が独立して発生するなら誤差を最小に抑えるために長期で見たほうが良いという論調がある一方で、高度経済成長期など経済環境が大きく異なる期間は除いたほうが良いという論調もあります。

　大事なのはプロの投資家がどのように見るか、という視点です。万人が納得する理論値を過去のデータのみから求めるのは困難です。そのため、算出時点において市場がリスクに対して要求している超過収益率がリスクプレミアムに反映されるインプライド手法も活用して、比較検討した上で選定する必要があるでしょう。

2. CAPMの β がバラバラ

> CAPMのパラメータである β の算出において、過去何年間のデータを採用するかによって、大きく値が異なる。どの数値を用いるべきか見当がつかない。

対外的に発信するための β を導くためには、どうしたら良いでしょうか？

- 提案内容：**過去データを多面的に分析し投資者への説明能力を上げる**

〈Point〉
　どの頻度（日次、週次、月次など）、そして、どの期間（2年、5年、10年など）の株価データでβを算出するのかは、自社が置かれた状況を照らして検討する必要があります。データの取得期間が1年など短い場合は、確からしさに不安がありますが、だからといって10年など長い期間で計測すれば良いというものでもありません。例えば、5年前に大きな事業転換があった企業の場合、事業転換よりも前の期間のデータも含めてβを算出すると、現在の企業実態にはそぐわない数値となる可能性もあります。
　βをどの期間で算出したのかについて、必ずしも開示する必要はありません。ただし、投資家から算出根拠の説明を求められた場合は、きちんと説明できるように準備しておくと良いでしょう。下の図表は、ある企業の5年間の週次βがどのように推移しているのかを表したものです。このように、βが一定の範囲に収まっていることをビジュアルで示すことで、投資家の理解を得られやすくなります。
　例えば、同じ不動産業界の上場企業であっても、賃貸中心の事業構造か回転型の事業構造かによってβの水準が異なることがあります。大事なのは、「多面的にβを分析した上で、自社としてなぜその値を採用したのか」を明確に説明できることです。また、通常は資本コストの算定値が1つに定まるものではなく、統計解析をする際に取得するデータの参照期間によっても変動するので、幅を持たせた開示をするのも選択肢のひとつです。
　その他にも自社の説明可能なβを導くにあたり、さまざまな検証方法があ

5年βの推定範囲

©ブルータス・コンサルティング

190　第7章　資本コスト開示で何が問題になるか

るため、専門機関に相談してみるのも良いでしょう。

3. 資本コストが低すぎる

日本企業の資本コストについては、伊藤レポートなどから一般的な目安として『8%』であるという内容を目にした。当社で算出された資本コストはその水準と比較すると低く、本当にこのまま発信してしまって良いのか自信を持てない。

一般的な目安と言われる『8%』とは何なのでしょうか？

- **提案内容：エクイティ・スプレッドや自社固有のデータを使い、資本コストの説明能力を上げる**

〈Point〉

　第4章でも解説しましたが、一般的な目安としてよく言われる「8%」は2014年に経済産業省から公表された「伊藤レポート」で示された「ROE8%以上」からの連想で広がったものでしょう。しかし、ROEはあくまでも資本収益性を図る指標（実績値あるいは見込み値）であり、株主資本コストとは異なります。

　基本的な考え方をおさらいすると、株主資本コストとは投資家が求める最低リターンのことであり、ROEと株主資本コストの差を「エクイティ・スプレッド」といいます（下の図表を参照）。このスプレッドがゼロよりも大きくなれば企業価値を創造、つまりPBRの上昇につながり、マイナスの値になれば企業価値を棄損、つまりPBRの下落につながります。

　伊藤レポートで示された「ROE8%以上」は、日本企業の株主資本コストの平均が7%超との調査結果を踏まえて、スプレッドを確保するための大まかな目安として示されたものです。

　エクイティ・スプレッドを大きくするためには、企業は株主資本コストを低く見積もる動機が生まれますが、投資家からすると結果であるROEを高くするように求めてきます。例えば、大手運用機関がそろって議決権行使基

191

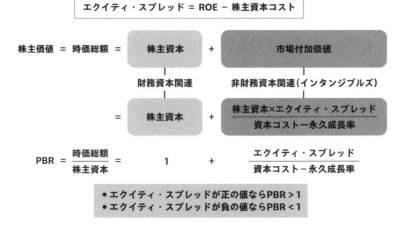

エクイティ・スプレッドとPBRの関係

(出所) 東証セミナー資料（2018年12月25日）

準を厳格化しています。ROEの閾値を引き上げて、基準に抵触した企業には役員選任議案に反対する基準が相次いで設けられました。「自社の資本コストは低いから、ROE目標も低くてもスプレッドが確保できている」という説明だけでは投資家から認められなくなるのです。

このため、算出した株主資本コストがあまりにも低いと、「投資家から指摘を受けるのでは」と身構えてしまうのも無理はありません。実際にCAPMを前提とした株主資本コストの算出は、時として低い結果になることもあります。

仮にCAPMのβが低い、つまり自社の株価変動の少なさが企業実態に即したものであると信じるに足りるのならば、「株価の変動のほか、過去の収益のブレ幅も小さい」など、資本コストが低い理由について説得力を補強するロジックを用意する必要があるでしょう。また、自社の所属業界の株価変動が安定しているのならば、業界全体の株主資本コストを併記するのも有効です。他方、類似企業との比較で自社のβが乖離しているケースもあります。その場合は、自社固有の要因についても別途検討を行い、説得力を持たせる必要もあるでしょう。

> **■野村アセットマネジメントにおける議決権行使基準の見直し**
>
> 野村アセットマネジメントはこれまで、「5%未満かつ業界の下位3分の1」との
> ROE基準を設定していましたが、今回の改定ではROE基準を「5%未満または業
> 界の下位3分の1」へと厳格化するとともに、キャッシュリッチ企業については
> 「8%未満または業界の下位2分の1」との基準を別途設定しました。

> **■大和アセットマネジメントにおける議決権行使基準の見直し**
>
> 大和アセットマネジメントも2024年11月20日に「議決権の行使に関する方針
> （国内株式）の見直しおよび検討課題について」を公表しました。2025年2月に開
> 催される株主総会から適用されるとのことで、取締役選任議案における業績基準
> の条件について、従来は「ROEが業種内で下位3分の1」と「PBRが1倍未満」
> の両方に抵触している場合に、3期以上の在任者の選任に反対するとされていまし
> た。今回の改定ではPBR基準が廃止される一方で、ROE基準に「8%未満」とい
> う閾値が追加されました。今回の改定理由として、PBR1倍は最終ゴールではなく
> 継続的に向上を目指すべきであり、経営の成果はROEのみで判断すべきであるこ
> とを挙げています。

3 資本コスト以外に何を開示したらよいか

> 投資家等へのヒアリング結果を踏まえると「今後の改善が期待される企
> 業」が未だとても多い。
> 資本コストの開示方法についても一定の幅を持たせて開示している企業
> もあれば、一点で開示している企業もある。また、できるだけ定量的な
> 開示を心がけている企業があれば、定性的な表現で企業としての考えを
> 示そうとしている企業もある。好事例集の開示内容を参考にしようとし
> ても、結局は企業によって開示方針はバラバラであり、果たして当社に
> とってはどのような開示が求められているのか、投資家との目線にズレ
> が生じないのか。

企業が実際に開示する際には何を意識して、どのような開示が求められるのでしょうか？

提案内容：各種施策に基づく財務シミュレーションを通じて、実行施策と目指すべき KPI を設定する

〈Point〉

　投資者の視点を踏まえた「資本コスト経営」の取組みの主目的は、企業の成長投資や事業ポートフォリオの見直し等の抜本的な取組みを推進して企業価値の向上を実現することにあります。

　社内での協議を通じて実行することを決めた成長投資や事業ポートフォリオの見直しによって、資本収益性がどのように変化するのか、そしてその水準は資本コストと比較してどうなのか、さらにはそれら施策を通じて目指すバランスシートの将来像はどのようなものかといった点を企業ごとに分析し、開示していくことが求められます。

　しかし、第4章でも述べたとおり、「効率性に対する考え方」や「資本コストに関する考え方」、「企業価値に関する考え方」において、経営者と投資家ではギャップが生じるものです。そのギャップを企業が認識した上で、開示においてどのように表現し、発信していくのかを検討していくことが重要です。

　投資家との対話の機会が限定的では、どこにギャップが生じているかわからないのは当然です。IR や SR（株主対応）を通じて、投資家が自社に何を期待しているか、どの程度のリターンを求めているかなど、直接の対話を通じて投資家の考えを理解しなければなりません。

　参考までに、東証により示された好事例の要素を整理すると下記のようにまとめられます。このような視点を踏まえ、企業として何をどのような施策をもって実現していくのかについて協議・検討をした上で、開示コンテンツを検討しましょう。

　現状分析・評価した結果や今後の取組みについては、できる限り具体的数値をもって示していくことが望ましいとされていますが、仮に定量的に示す

- 2024年2月に東証公表の『投資者の視点を踏まえた「資本コストや株価を意識した経営」のポイントと事例の公表』により開示された事例の要素整理

	現状分析・評価	取組	投資者との対話
①資本収益性	【評価のギャップ】 ●他社比較 ●時系列分析	【向上させる取組】 ●定量的計画（各年） ●定性的活動 ●インセンティブプラン	
②資本コスト	【数値自体の納得感】 ●益回りとの比較 ●投資家期待値ヒアリング ●計算式の明示 【評価のギャップ】 ●数値が妥当か ●他社比較 ●時系列分析	【低減させる開示】 ●ESG ●定性的活動 ●エンゲージメント 　（投資者との対話的要素も） ●収益安定化 ●安定配当／累積配当	＋ 【左記を理解させる活動】 ●IR方針 ●IR活動計画 ●IRイベント ●接点投資家数
③バランスシート／株主還元	【最適な状態かの検討】 ●セグメント別開示 ●必要現預金、政策保有株式等	【取組の開示】 ●キャピタルアロケーション（複数年計） ●BS計画 　（最終事業年度の姿） ●投資計画（各年） ●株主還元方針／計画	

©ブルータス・コンサルティング

ことが難しい場合は、各種施策と企業価値向上の関連性をできるだけ具体的にわかりやすく示すことで十分に理解を得られることもあります。

　必ずしもこのように開示をしなければいけない、と型が決まっているものではありません。不必要に型に縛られて形式的な開示をするのではなく、企業として企業価値向上に向けて何を重視していくのか、それをどのように開示していくのが最も伝わるのかを考えることが重要でしょう。

　また、開示済みの企業、特に好事例に該当する開示を行った企業においては、開示後の株価も堅調に推移しているデータもあります。開示を通じて、投資家へ自社の目指す姿を示していくことが株価にも反映されていくでしょう。

4 投資家とはどのように会話すべきか

> 開示した内容を踏まえて投資家からはこれまではこなかった質問や問い合わせを受け、回答に窮するような質問も多い。
>
> その中でも以下のような質問は特に多く寄せられている。
>
> - 本源的価値はもっと高いはずではないか。現状の株価とのギャップをどのように考えているのか？
> - 株式益回りと比較すると開示した資本コストは低すぎないか？
> - PBR＞1倍を確かなものにするために自社株買いが必要ではないか？
>
> 当社の目指す将来像を具体的に指し示したつもりであったが、投資家の目線とのズレはやはり一定程度あるようで、今後、そのような投資家ときちんと向き合っていけるか自信がない。

投資家との目線のズレや投資家が抱く疑問に、企業としてどのように向き合っていけば良いでしょうか？

提案内容：企業と投資家との間で特にギャップが生じやすいポイントについては事前に検討・分析を進めておく

〈Point〉

「資本コスト経営の実現に向けた対応」についての開示後は、取組みの実行とともに、開示内容をベースとして株主や投資家との建設的な対話をしていくことが求められています。

2024年6月株主総会におけるアクティビスト投資家等による株主提案は過去最高の90社超に上りました。前述のとおり、機関投資家の議決権行使基準の厳格化もあり、今後はより一層株主、特に機関投資家の議決権行使に向けた企業への目線が厳しくなっていくことが予想されます。企業においては、

196　第7章　資本コスト開示で何が問題になるか

有事になった後にあわてて投資家との対話を進めるのではなく、平時から継続的に企業の事業戦略等について対話を進め、経営方針への理解を得ておくことが重要です。

また東証からは、フィードバックを得ながら自らの経営力を高度化するための気づきを得ることが重要だと言われており、直前事業年度における株主との対話の実施状況について開示することが要請されています。

「効率性」や「資本コスト」、「企業価値」など企業と投資家との間でギャップが生じやすいポイントについては特に注意が必要です。

例えば、「効率性」や「資本コスト」に関する双方の目線ギャップから生まれる投資家の疑問や意見として、

▶株式益回りと比較すると開示した資本コストは低すぎないか？

▶ PBR ＞ 1倍を確かなものにするために自社株買いが必要ではないか？

という声があげられることが多いかと思います。

アクティビストを含む投資家からは、企業の時間軸とは異なる時間軸で対話を求められるケースもあります。企業が打ち出した配当政策を実行しても、低い資本効率のままでは株主資本コストに ROE が劣後する非効率な資本配分が是正できないので、早期に PBR ＞ 1倍を実現すべく自己株買いを実施したほうが良いのではないかという意見もあるでしょう。

一方で企業としては、企業価値向上のために抜本的な取組みを進め、経営資源の適切な配分を実現することが重要です。自社株買いや増配などの株主還元の強化は、一過性の施策ではなく、バランスシートが効果的な価値創造につながっているかを分析した結果として実施すべきです。

また、「企業価値」に関しては、

▶本源的価値はもっと高いはずではないか。現状の株価とのギャップをどのように考えているのか？

といった声があがることも多いのではないかと思います。

本書の序章で、共通テーマは「本源的価値と市場価格のギャップの是正」であると述べましたが、企業の成長ストーリーを反映した計画をもとに算出した本源的価値は、市場株価とギャップが生じている場合が多いです。企業としても本源的価値を把握して市場株価との乖離原因を分析し、今後の施策

本源的価値の試算──本源的価値把握の重要性

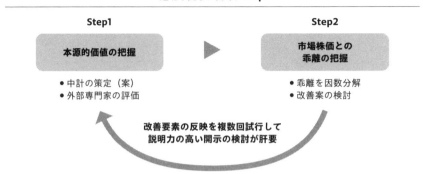

でどのように改善していくのか、財務パフォーマンスのシミュレーションを実施しておくことも良いでしょう。

　また、機関投資家との対話に課題を感じる企業も多いようです。機関投資家からも積極的に対話を希望する企業を見分けることが難しいという意見もあるようで、東証では【機関投資家からのアクセスを希望】する企業をリスト上で明示し、機関投資家との対話を促進する仕掛けも行っています。このようなツールも活用しながら、有効的に投資家との対話を実施していくと良いでしょう。

　ここまで、実際に筆者が企業と対峙した時に聞いた声などを中心に、開示に向けた検討段階から開示後の投資家との対話までの間で、企業がどのような悩みや葛藤を抱えるのかについて解説しました。好事例と言われる開示事例を見てみると簡潔にわかりやすくまとまっていますが、そこに至るまでの間には数多くの論点や疑問が生じることと思います。時には専門機関や第三者の視点やアドバイスを取り入れ、対外的に納得度の高い開示ができるよう、試行錯誤しながら疑問や悩みを解決していきましょう。

　未だ開示に至っていない企業においても、既に述べたとおり好事例のすべてのポイントを充足することが求められているわけではありません。まずは、自社にとって最も重視している視点から開示していくと良いと思います。ま

た、適宜アップデートしていくことも求められているため、少しずつブラッシュアップすることで、投資家とも効果的な対話ができるようになり、企業価値の向上に向けて着実に歩を進めていくことができるのだと思います。

終　章

資本コスト経営の
実践に向けた総括

COST OF CAPITAL

MANAGEMENT

本書では、東証が推進する「資本コストや株価を意識した経営」という
テーマに基づき、上場企業が持続的な成長と企業価値向上を実現するための
道筋を、プルータス・コンサルティングの専門家集団としての知見を交えな
がら考察して参りました。

　特に、資本コストの正確な把握、バランスシートの効率化、投資家との建
設的な対話、そして有償ストック・オプションの活用といった多角的なアプ
ローチに焦点を当て、理論と実践の両面から具体的な戦略を提示すること
で、読者の皆様が自社の経営に活かせる示唆に富んだ内容を目指しました。

1 資本コスト経営は道半ば

　まず、改めて強調すべきは、**資本コストを意識した経営が、企業の中長期**
的な成長戦略において不可欠であるという点です。多くの企業では、依然と
して損益計算書上の売上や利益といった指標に偏重した経営が行われがちで
すが、持続的な成長と企業価値の向上を実現するためには、バランスシート
を基盤とした資本効率の視点が不可欠となります。東証がプライム市場およ
びスタンダード市場の上場企業に対して行った要請は、この変革を促す強力
な推進力となっています。企業は、自社の資本コストと資本収益性を的確に
把握し、その内容や市場評価に関して取締役会で分析・評価を行う必要があ
ります。さらに、改善に向けた具体的な方針や目標、計画期間、取り組みを
取締役会で検討・策定し、投資家に対してわかりやすく開示することが求め
られます。

　しかしながら、現状では、多くの企業がこの要請に十分に応えられている
とは言えません。例えば、中計や決算説明において、依然として売上や利益
といった損益計算書上の指標の説明に終始し、バランスシートをベースとす
る資本収益性の観点での分析・目標設定が十分に行われていないケースが多
く見受けられます。

202　終章　資本コスト経営の実践に向けた総括

2 資本コストの把握が第一関門

資本コストの把握は、資本コスト経営の第一歩です。多くの企業では資本資産価格モデル（CAPM）が利用されていますが、その算出値はあくまで一つの推計値に過ぎません。資本コストは「投資者の期待収益率」であるという観点から、モデルだけに依存するのではなく、株主・投資家との間で資本コストの水準について共通認識を持つことが重要となります。

そのためには、自社で認識している資本コストの水準と、その算出に用いたモデルやパラメータを開示するだけでなく、複数のモデルやパラメータを用いて分析を行う、説明会や面談を通じて株主・投資家に自社の資本コストの水準についてヒアリングを行うといった双方向のコミュニケーションが不可欠です。

3 バランスシートの効率化

資本コストを上回る資本収益性を達成するためには、バランスシートの効率化が不可欠です。経営陣・取締役会は、自社のバランスシートが効果的に価値創造に寄与する内容となっているかを定期的に点検する必要があります。具体的には、事業運営や成長投資を進めていくにあたり、過剰な現預金を抱えていないか、現預金以外の資産についても、収益獲得の観点から必要なものとなっているかといった点を検証する必要があります。その点検結果については、改善が必要と考える場合には、改善に向けた計画と合わせて、株主・投資家にわかりやすく示すことが重要です。また、経営資源の適切な配分を意識した取組みとして、バランスシートの点検を行った上で、将来目指すバランスシートの姿を検討し、それに至るまでの計画を策定することや、将来のキャッシュフローも含め、資本を成長投資や株主還元にどう配分していくのか、キャッシュアロケーション方針を策定することも考えられます。

203

4 | 投資家との会話

　株主・投資家との対話は、資本コスト経営を成功させるための重要な要素です。対話を通じて株主・投資家からの評価やフィードバックを得ながら、取組みを加速・ブラッシュアップしていくという好循環を生み出すためには、対話の実施状況や実例、そこで得たインプットがどのように経営の意思決定に取り入れられているかなどについて、株主・投資家に示すことが有効です。東証では、2023年3月にプライム市場の全上場会社に対して「株主との対話の推進と開示」を要請しており、企業は自社の状況を踏まえて、この要請に沿った開示を行うことが期待されています。投資者からの自社に対する認知が十分ではないと考えられる場合には、自社の事業をよく理解し、成長の伴走をしてくれる投資者を自らターゲティングし、企業側から積極的にアプローチしていくことも有効です。

5 | ストック・オプションの活用

　「資本コストや株価を意識した経営の実現に向けた対応」のコミットメントを強化する手段として、有償ストック・オプションの活用が注目されています。有償ストック・オプションは、役職員が新株予約権の公正価値相当額を実際に払い込んで新株予約権を付与されるものであり、企業が目標とする業績や株価を達成した場合に初めて権利行使可能となる条件が付されることがほとんどです。そのため、権利行使されて希薄化が生じた場合でも、業績や株価の上昇が伴うことになり、企業価値向上に向けて経営陣と既存株主の利害を一致させることができます。ただし、有償ストック・オプションは、新株予約権を公正価値で発行することが前提のスキームであり、理論的価値に基づいて発行されなければ、株主から有利発行による差止請求を受ける可能性があるほか、会計・税務上の問題が生じる場合もあります。そのため、

204　終章　資本コスト経営の実践に向けた総括

有償ストック・オプションの発行を検討する際には、その理論価値について
は対外的な説明責任が果たせるよう、新株予約権の評価実務に精通した専門
家に事前相談することが必要となります。

6 今後の展望

　東証の市場改革は、グロース市場にも影響を及ぼしています。グロース市
場は、高い成長可能性を有する企業が集まる市場として期待されています
が、実際には、上場維持基準に適合していない企業や、上場維持基準に抵触
して非公開化を図る企業が見受けられます。特に、グロース市場では、流通
株式比率が50％未満の会社が3分の2を占め、他の市場区分よりも流動株式
比率が低い企業が多く、この点が課題となっています。そのため、グロース
市場における上場維持基準の引き上げの必要性も議論されています。グロー
ス市場に上場する企業は、上場維持基準の動向を注視しつつ、流通株式比率
の向上や、成長戦略の明確化、投資家との対話の強化といった取組みを通じ
て、企業価値の向上を図る必要があります。

　日本の上場企業数は長期にわたって増加してきましたが、東証の市場改革
によって、今後は減少していく可能性も考えられます。企業は、上場するこ
とで得られるメリットを享受し得るか、もしくは非公開化することでさらな
る成長を実現していくかといった決断を迫られる場面が増えるでしょう。い
ずれを選択するにせよ、企業は常に「企業としての最善の在り方」を見直し、
企業価値の向上に向けた取り組みを継続していく必要があります。東証の市
場改革は、まだ道半ばであり、今後もさまざまな施策が打ち出されることが
予想されます。企業は、こうした変化に柔軟に対応し、資本コストを意識し
た経営を実践することで、持続的な成長と企業価値の向上を実現することが
できるでしょう。

205

最後に：
資本コスト経営はピンチではなくチャンス

　本書で述べてきたとおり、資本コスト経営はまだ始まったばかりで、企業の対応もまちまちです。経営者の中には「厄介な要請がでたものだ。変に先んじて開示して、アクティビストに痛くない腹を探られるなら、牛歩作戦で他社が出そろうまでなるべく開示を遅らせよう」といった考えの方がいるのは確かです。しかし、ポジティブに考えれば、「まだ他社が十分な開示ができていないのならば、率先して質の高い開示をして、積極的に投資家と建設的な会話をしよう。」と考え直すほうがよほど健全ではないでしょうか。資本コスト経営はピンチではなくチャンスなのです。

　最後に本稿が、上場企業の経営者、取締役、そして担当部署の皆様にとって、資本コスト経営の実践に向けた一助となれば幸いです。企業価値向上への道は決して平坦ではありませんが、弛まぬ努力と継続的な改善を通じて、より魅力的な市場を形成し、国内外の多様な投資家から高い支持を得られるよう、共に歩んで参りましょう。

野口　真人

分担執筆者

山田　昌史

井上　隆史

山手　剛人

宮野　響太

脇阪　翔太

中滿　祐樹

野口真人

のぐち・まひと

———

株式会社プルータス・コンサルティング　代表取締役社長　CEO
京都大学経営管理大学院特命教授
京都大学経済学部卒業。みずほ銀行（旧富士銀行）、JPモルガン・チェース、ゴールドマン・サックス証券を経て、2004年に企業価値評価の専門機関である株式会社プルータス・コンサルティングを設立。
主な著書に『パンダをいくらで買いますか？』（日経BP）、『お金はサルを進化させたか─良き人生のための日常経済学』（日経BP）、『私はいくら？　あなたの価値はたったひとつの「数式」で決まる』（サンマーク出版）、『あれか、これか』（ダイヤモンド社）、『ストックオプション儲けのレシピ』（同友館）。

———

資本コスト経営のすすめ

2025年4月25日　1版1刷

著者　野口真人

発行者　中川ヒロミ
発行　株式会社日経BP
　　　日本経済新聞出版
発売　株式会社日経BPマーケティング
　　　〒105-8308　東京都港区虎ノ門4-3-12

装幀　野網雄太（野網デザイン事務所）
組版　マーリンクレイン
印刷・製本　シナノ印刷

©2025 Mahito Noguchi　　ISBN 978-4-296-12451-0　　Printed in Japan

本書の無断複写・複製（コピー等）は著作権法上の例外を除き、禁じられています。
購入者以外の第三者による電子データ化および電子書籍化は、私的使用を含め一切認められておりません。
本書籍に関するお問い合わせ、ご連絡は下記にて承ります。
https://nkbp.jp/booksQA